監修者——五味文彦／佐藤信／高埜利彦／宮地正人／吉田伸之

[カバー表写真]
鎌倉の安達泰盛邸門前
(『蒙古襲来絵詞』模本)

[カバー裏写真]
木造水月観音像
(東慶寺)

[扉写真]
近世の鶴岡八幡宮
(『鶴岡八幡宮境内絵図』)

日本史リブレット 21

武家の古都、鎌倉

Takahashi Shinichiro
高橋慎一朗

目次

都市史からみた鎌倉

正月三箇日、鎌倉駅から鶴岡八幡宮《つるがおかはちまんぐう》へと向かう若宮大路《わかみやおおじ》は、参詣の人びとで埋めつくされる。日ごろは鎌倉市の中心を貫く幹線道路として多くの自動車が通行する若宮大路であるが、元来は源《みなもとの》頼朝《よりとも》によって鶴岡八幡宮の参詣道として造成された道であった。若宮大路は国の史跡に指定されており、中心部の段《だん》葛《かずら》は正月に限らず歩行者専用となっている。市街の主要道路が史跡であり、しかも恒常的に歩行できるとは、なんとも「古都」らしい姿ではなかろうか。

さて、日本のいくつかの「古都」のなかでも、鎌倉がもつきわだった特徴は、はじめて本格的な武家《ぶけ》の政権がおかれた都市である、という点である。すなわち、一一八〇(治承《じしょう》四)年、源頼朝が鎌倉に入って本拠を構え、武家政権である幕府が成立したのである。

すでに十一世紀より、平泉《ひらいずみ》には武家である奥州藤原氏《おうしゅうふじわらし》▲の拠点がおかれ、都市的な様相を示していた。しかし、一一八九（文治《ぶんじ》五）年、東国《とうごく》の支配権確立をめざす源頼朝によって、源義経《よしつね》をかくまったことを口実に奥州藤原氏は攻略され、平泉も幕府の支配下の一都市となり、本格的な武家政権の拠点都市として定着するにはいたらなかった。平泉の文化や生活様式の一部は、鎌倉へ吸収・継承されていくのである。

「鎌倉」時代▲という時代呼称があるように、かつては鎌倉幕府の成立とともに政治の中心が京都から鎌倉へ完全に移ったかのような考え方もあったが、研究の進展とともに現在では否定されており、幕府成立後も京都の朝廷は西国を中心に支配権を保持していたことが明らかになっている。ただし、東国に独自の支配権を行使し、朝廷からある程度独立した武家政権が成立したことは確かであり、京都のほかに鎌倉という政治・経済・文化の一大中心都市があらたに誕生したのである。

幕府の成立を契機として、鎌倉は政権の拠点都市として発展し、京都のなか

▼奥州藤原氏　平安時代末期に陸奥《むつ》平泉を拠点として、奥羽《おうう》一帯を支配した有力武士。藤原秀郷《ふじわらのひでさと》の流れを引く。清衡《きよひら》・基衡《もとひら》・秀衡《ひでひら》の三代にわたって一種の地方政権を築き上げた。平泉には藤原一族の館《たち》のほか、中尊寺《ちゅうそんじ》・毛越寺《もうつうじ》などの大伽藍《だいがらん》がならび、物流の拠点となっていた。秀衡は鎮守府将軍《ちんじゅふしょうぐん》・陸奥守《むつのかみ》に任じられて威勢を誇ったが、その子泰衡《やすひら》の代に源頼朝によって滅ぼされた。

▼鎌倉時代　主として政治史の観点からの時代区分。鎌倉に幕府がおかれた時代。中世の前期に相当する。終期は幕府が滅亡した一三三三（元弘三）年であるが、始期は、南関東の軍事政権としての体裁が一応整った一一八〇（治承四）年から、頼朝が征夷大将軍《せいいたいしょうぐん》に任命された九二（建久《けんきゅう》三）年までのあいだで諸説がある。

にも「六波羅《ろくはら》」という幕府関係者の集住する場所が設定された。また、各地においても守護所《しゅごしょ》▲のような武家の拠点を核とした都市が成立するのである。以後、室町幕府、江戸幕府と、日本では東アジアのなかでは例外的に七〇〇年もの長期にわたって武家政権が存続する。戦国時代から江戸時代を通じて各地に展開する城下町《じょうかまち》は、武家の都市の典型例である。現代の都市のなかにも、城下町の面影を色濃く残す都市は数多い。日本の都市の歴史のなかで、武家の存在は見逃すことのできない大きな要素である。

「保元《ほうげん》・平治《へいじ》の乱《らん》以降、日本国は大争乱がうち続き、軍事専門家である武者の世になった」と、鎌倉時代の歴史書には記されている(『愚管抄《ぐかんしょう》』▲)。保元・平治の乱▲、治承《じしょう》・寿永《じゅえい》の乱(いわゆる源平《げんぺい》の争乱)に続く鎌倉時代は、戦争のスペシャリストとして世に存在感を示した武家が、都市領主として都市に関与するようになった時代ともいえる。鎌倉は、武家政権の最初の拠点都市としてまことに重要な存在であり、日本各地に広がっていく武家の都市の原初的な姿を探るには格好の事例となるであろう。鎌倉は、いわば「武家の古都」なのである。

なお、一三三三(元弘《げんこう》三・正慶《しょうきょう》二)年に鎌倉幕府は滅亡するが、鎌倉が武家の

▼**守護所**　守護が政務をとる館の所在地。交通の要所に設けられることが多かった。室町時代以降、しだいに市や寺社が周囲に付属して都市的様相を備えるようになり、一部は守護城下町へと発展した。

▼**『愚管抄』**　摂関《せっかん》九条家《くじょうけ》出身の天台座主《てんだいざす》慈円《じえん》が著わした歴史書。全七巻。一二二一(承久《じょうきゅう》三)年の承久の乱の前後に成立したと推定される。武家が台頭する必然性を説く。

▼**保元・平治の乱**　保元の乱は、一一五六(保元元)年に起きた後白河《ごしらかわ》天皇方と崇徳上皇《すとくじょうこう》方の合戦で、武士の合戦が後白河の政権掌握を決定づけた。平治の乱は、一一五九(平治元)年に起きた平清盛《たいらのきよもり》と源義朝の合戦で、保元の乱に功があった武士の主導権争い。清盛の勝利により平氏《へいし》の権勢が確立した。

都市としての性格を失ってしまったわけではない。それ以降も、室町幕府の出先機関としての「鎌倉府《ふ》」、その首長である「鎌倉公方《くぼう》」が存在し、東国武士の中心となる都市として存続していく。

「いざ、鎌倉！」とは、「さあ一大事だ！」というような意味をあらわす言葉である。幕府に異変があったときに、各地の御家人《ごけにん》が鎌倉へ召集されたことにちなむという（『日本国語大辞典』小学館）。鎌倉幕府の成立とそれにともなう武家政権の拠点都市鎌倉の成立は、長年にわたって展開する武家と都市の本格的な関わりの幕開けを告げる、という意味で、日本の都市史におけるまさに「一大事！」であった。

本書では、鎌倉が武家の都市として繁栄した鎌倉時代の姿を中心に解明することにしたい。また、年表風に都市鎌倉の歴史をたどるのではなく、いくつかの場所の具体的な特質を探り、中世都市鎌倉の実像を多角的に明らかにすることにする。残念ながら、現在の鎌倉には江戸時代の城下町における天守閣《てんしゅかく》のように、武家の拠点であったことを直接示すモニュメントが存在しない。そこで、現在も残る武家のかかわった寺社や史跡をはじめとして、地中から発掘された遺跡や当時の記録・古文書《こもんじょ》、地名、伝承などを頼りに、今は幻となって地上には存在しない武家の屋敷や寺院（廃寺《はいじ》）を含めて、中世の鎌倉の痕跡を追求してみることにする。さらに、「武家の古都」のさまざまな記憶が、どのような形で継承されていったかを探ることにしたい。

①将軍御所の記憶

頼朝の鎌倉入りの前提

一一八〇(治承《じしょう》四)年十月、石橋山《いしばしやま》の敗戦▲から勢力を立て直し南関東の有力武士を服従させた源頼朝《みなもとのよりとも》は、おもだった武士とともに武蔵《むさし》をへて鎌倉へ入った。まず、先祖源頼義《よりよし》▲がひそかに石清水八幡宮《いわしみずはちまんぐう》を由比ヶ浜《ゆいがはま》に勧請《かんじょう》した由比若宮《ゆいのわかみや》を遥拝し、続いて亀ヶ谷《かめがやつ》にある父義朝《よしとも》の旧居跡を訪れた。頼朝は、この亀ヶ谷の旧跡に居館《きょかん》を設けようと考えたのであるが、場所が手狭であることと、すでに岡崎義実《おかざきよしざね》が義朝の菩提《ぼだい》をとむらうために仏堂を建立《こんりゅう》していたことにより断念する。この場所には、のちに寿福寺《じゅふくじ》が造営され現在まで続いている。

さて、頼朝はあらためて大倉《おおくら》の地に居館を造営することにした。同じ年の十二月に新居が完成、頼朝は多くの御家人《ごけにん》を付き従えて移住の儀式を盛大に執り行った。これが、源氏《げんじ》三代にわたって使用される将軍御所《しょうぐんごしょ》で、「大倉御所」と称されているものである。

『吾妻鏡《あずまかがみ》』▲は、この頼朝の御所移住に関して「鎌倉は辺鄙《へんび》なところで、漁民や

▼石橋山の敗戦　一一八〇(治承四)年八月に伊豆《いず》で挙兵した源頼朝が、その直後に平氏方の大庭《おおば》景親《かげちか》らと相模石橋山(小田原《おだわら》市)で戦った合戦。頼朝方は大敗するが、かろうじて海路をへて房総半島へ逃れた。

▼源頼義　九八八〜一〇七五年。平安時代中期の武士。父は頼信《よりのぶ》。鎮守府将軍に任じられ奥州《おうしゅう》に下向。奥州の兵乱(前九年の役)を平定して武名をあげる。

▼『吾妻鏡』　鎌倉時代後期に成立した、鎌倉幕府周辺の動向を中心とする編年体の歴史書。一一八〇(治承四)年の以仁王挙兵から一二六六(文永《ぶんえい》三)年の宗尊親王《むねたかしんのう》上洛《じょうらく》までの記事が記されている。将軍ごとの年代記の体裁をとり、編纂者は幕府関係者と推定される。

●——寿福寺

農民のほか、もともと住む者も少なかったが、御所完成を契機に、頼朝が道路を整備し、地域に名をつけて、家屋が軒を連ね、都市としてにぎわいをみせるようになった」と記している。

しかし、『吾妻鏡』は幕府関係者の手による歴史書であり、頼朝の鎌倉入り以降の繁栄をきわだたせようとするあまり、それ以前の鎌倉の姿をことさらに貧弱に描いているようである。話は少々横にそれるが、中世ヨーロッパでは、都市の栄光をたたえるために都市の起源にさかのぼって歴史をつづった「都市年代記」が市民の手によって多く書かれたという。『吾妻鏡』には、幕府の拠点都市としての鎌倉の歴史をたどる「都市年代記」という側面もあったのではなかろうか。『吾妻鏡』の編纂者は、都市鎌倉の起源を頼朝の御所完成に求めようとしたにちがいない。

実際には、頼朝以前の鎌倉は未開の寒村だったわけではない。弥生《やよい》時代には早くも大倉周辺と北鎌倉の台周辺に大規模な集落が形成されていた。そして、奈良時代から平安時代にかけて、鎌倉は交通の要所として地域の中心的機能を果たしていた。現在の市立御成《おなり》小学校の地点(今小路西《いまこうじにし》遺跡)からは、奈良時代

▼**郡家**　律令制《りつりょうせい》下において郡の政務がとられた役所。相模国鎌倉郡の郡家跡と考えられる今小路西遺跡からは、七三三(天平《てんぴょう》五)年の木簡《もっかん》が出土している。

●——大倉観音堂(杉本寺)

から平安時代前期(十世紀ごろ)にかけての鎌倉郡の郡家《ぐうけ》▲(郡衙《ぐんが》)の遺構が発掘されているのである。

また、この時期に、鎌倉には東西方向に走る二本の幹線道路が通過し、相模《さがみ》と房総《ぼうそう》方面を海上経由で結ぶルートの重要な結節点となっていた。

海側の東西道は、稲村《いなむら》ヶ《が》崎《さき》方面から由比ヶ浜、名越《なごえ》をへて三浦《みうら》半島の沼浜《ぬはま》(逗子《ずし》市)方面へぬける道で、旧東海道《とうかいどう》と考えられている。このルート沿いには、坂之下《さかのした》の御霊社《ごりょうしゃ》・甘縄神明社《あまなわしんめいしゃ》・由比若宮などの、頼朝以前の建立と考えられる諸社が点在して、この道路の存在を裏づけている。

もう一本の山側の東西道は、山ノ内《やまのうち》方面から源氏山《げんじやま》、寿福寺付近、大倉をへて、朝比奈《あさひな》から六浦《むつら》へぬける道であったと想定される。このルートを裏づける沿道の頼朝以前の寺社としては、窟堂《いわやどう》・生源寺《しょうげんじ》・荏柄《えがら》天神社・大倉観音堂《おおくらかんのんどう》(杉《すぎ》本寺《もとでら》)などがある。ちなみにこの道路は、のちに鶴岡《つるがおか》八幡宮を迂回する形に変更させられたと考えられる(横大路《よこおおじ》〜筋替《すじかえ》橋のルート)。

さきにふれた郡家は二本の東西道の中間に位置し、その地点を通過して二本の東西道をつなぐ南北のルートが、ちょうど現在の今小路にあたる。したがっ

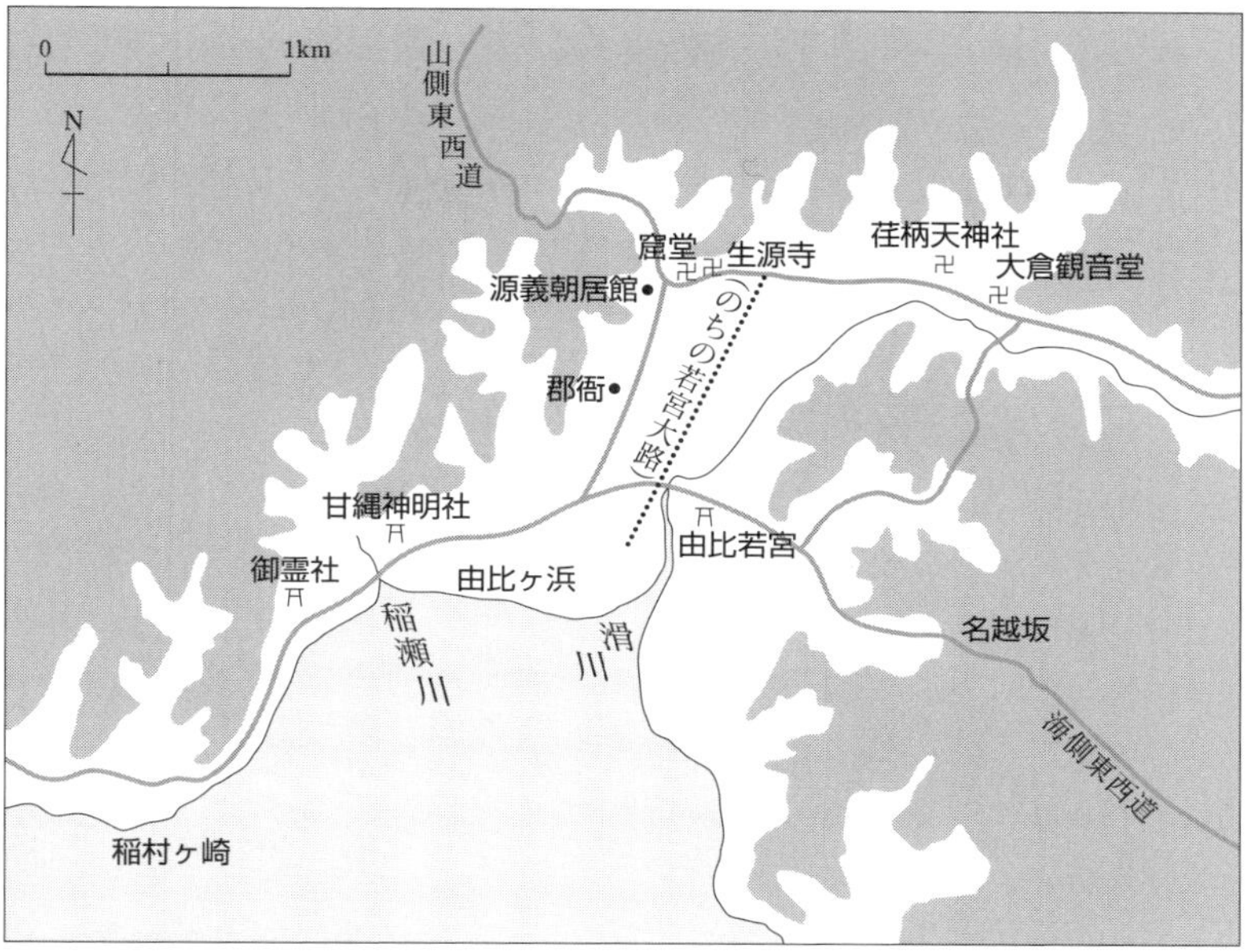

●──平安末期の鎌倉概略図

●──現在の窟堂

●──源頼朝坐像

て、今小路に相当する南北道路が、奈良・平安時代にはすでに存在した可能性が高い。

一方、平安後期(十一世紀ごろ)からは、鎌倉には武士が進出し始める。当初、鎌倉を所領《しょりょう》とした武士は桓武平氏《かんむへいし》であったが、平直方《たいらのなおかた》▲が鎌倉に所有していた屋敷を女婿の源頼義に譲ったと伝えられる(『詞林采葉抄《しりんさいようしょう》』▲)。頼義は、前九年《ぜんくねん》の役《えき》で勝利をおさめた翌年の一〇六三(康平《こうへい》六)年、由比ヶ浜に石清水八幡宮を勧請した。これが、頼朝が鎌倉入り直後に遥拝した由比若宮にほかならない。その後、頼朝の父義朝は鎌倉を本拠とし、その亀ヶ谷の居館は、まさに山側の東西道と南北道路の交点に位置していたのである。

このように、頼朝以前の鎌倉は、そもそも源氏にゆかりのある地であった。幹線道路も整備された交通の要所であり、いくつかの寺社も存在し、ある程度都市的な様相を備えていたとみなされよう。そこへ頼朝が本拠を構えたのは自然なことであろう。大倉御所も、従来から機能していた山側の東西道に沿った場所に位置していたのである。

▼**平直方**　生没年不詳。平安時代中期の武士。父は維時《これとき》。一〇二八(長元《ちょうげん》元)年の平忠常《ただつね》の乱に際し、追討使《ついとうし》に任じられて関東にくだるが、鎮圧に失敗。かわって乱を鎮定した源頼信の子頼義を婿とした。本来東国を基盤とした一族であることから、代々鎌倉に所領をもっていた可能性が高い。

▼**『詞林采葉抄』**　南北朝時代の『万葉集《まんようしゅう》』の注釈書。藤沢遊行寺《ふじさわゆぎょうじ》の僧由阿《ゆうあ》が、二条良基《にじょうよしもと》に対して献上したもので、一三六六(貞治《じょうじ》五)年の成立。地名・枕詞《まくらことば》・難解語句などの考証解説を記す。全一〇巻。

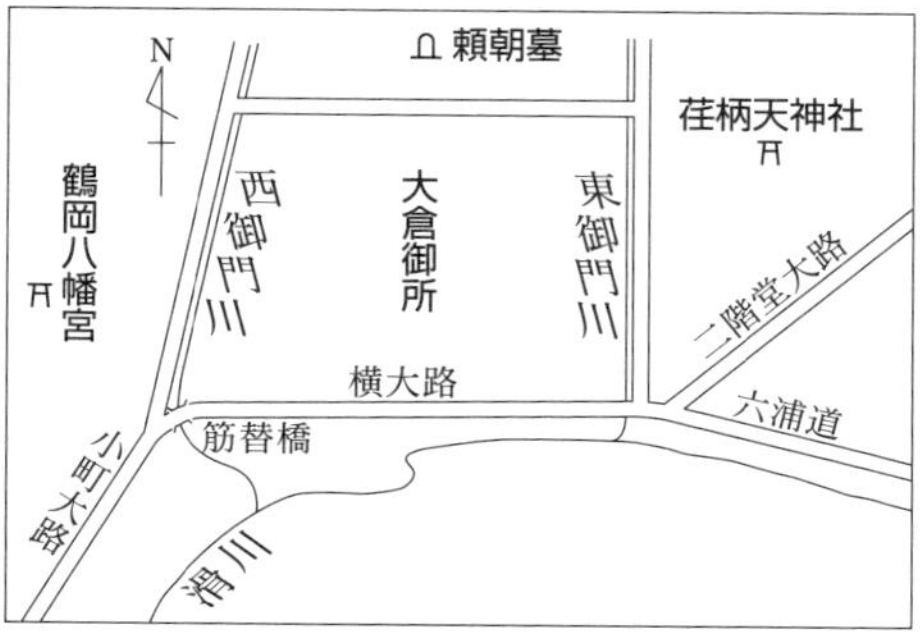

●大倉御所概念図

御所の移転

実は、鎌倉幕府の中核となる将軍の御所は、幕府滅亡まで一貫して大倉にあったわけではなく、三度場所を変えている。都合四カ所の将軍御所が存在したことになり、時代順にあげるとつぎのとおりである。

大倉御所　一一八〇(治承四)～一二一九(承久《じょうきゅう》元)年

二階堂《にかいどう》大路仮御所　一二一九(承久元)～一二二五(嘉禄《かろく》元)年

宇都宮辻子《うつのみやずし》御所　一二二五(嘉禄元)～一二三六(嘉禎《かてい》二)年

若宮大路御所　一二三六(嘉禎二)～一三三三(正慶二)年

まず最初の大倉御所は、すでに述べたように一一八〇(治承四)年に初代将軍源頼朝が新造した御所で、二代頼家《よりいえ》、三代実朝《さねとも》の御所として使用された。一一九一(建久《けんきゅう》二)年と一二一三(建保《けんぽう》元)年に焼失するが、その都度同じ場所に再建されている。その正確な位置は不明であるが、「御所が法華堂《ほっけどう》(頼朝墓所《ぼしょ》)の下にあった」とする『吾妻鏡』の記述や、御所の門にちなむ「東御門《ひがしみかど》」「西御門」「南御門」という現在も残る地名・地形などから、つぎのような範囲が想定される。

すなわち、北は頼朝墓所のある岡の下を東西に引いた線。南は筋替橋から六浦へいたる道（横大路）。東は二階堂大路の分岐点から東御門へ入り、東御門川に沿った線。西は筋替橋から小町大路の延長線上に北上し（明治期の旧道）、西御門川に沿った線。以上のように考えられ、西御門川と東御門川が御所の東西の堀の役割を果たしていた可能性が高い。

さて、一二一九（承久元）年正月、実朝は公暁《くぎょう》によって暗殺され、同年十二月には実朝ゆかりの大倉御所も焼失した。これと前後して、同年七月には後継将軍として摂関家《せっかんけ》の九条頼経《くじょうよりつね》▲が京都から迎えられた。頼経は、北条義時大倉亭《ほうじょうよしときおおくらてい》の敷地内の南側に新築された邸宅に入っている。義時大倉亭の場所は、大倉御所の東方、二階堂大路の東側と推測されている。頼経は幼少のため正式に将軍に任命されておらず、この邸宅は仮の御所という形であり、二階堂大路に近接する場所であるから、「二階堂大路仮御所」と呼ぶことにしたい。

やがて頼経も成長し、一二二五（嘉禄元）年十二月、執権《しっけん》北条泰時《やすとき》の主導下、若宮大路近くに新築された宇都宮辻子御所に入居、この御所において元服《げんぷく》、正式に将軍に任命されたのである。その場所は、若宮大路の東側で、宇都宮辻子という東西道路（現在の二ノ鳥居付近）の北側に位置していた。現在は当時の姿を

▼**九条頼経**　一二一八〜五六年。幕府第四代将軍。父は関白《かんぱく》九条道《みち》家《いえ》。幼少にて鎌倉に迎えられ、将軍に就く。子頼嗣《よりつぐ》は第五代将軍。一二四六（寛元四）年、名越光時《みつとき》の乱に絡んで、執権北条時頼《ときより》によって京都へ強制送還される。

●源氏略系図（数字は将軍就任の順）

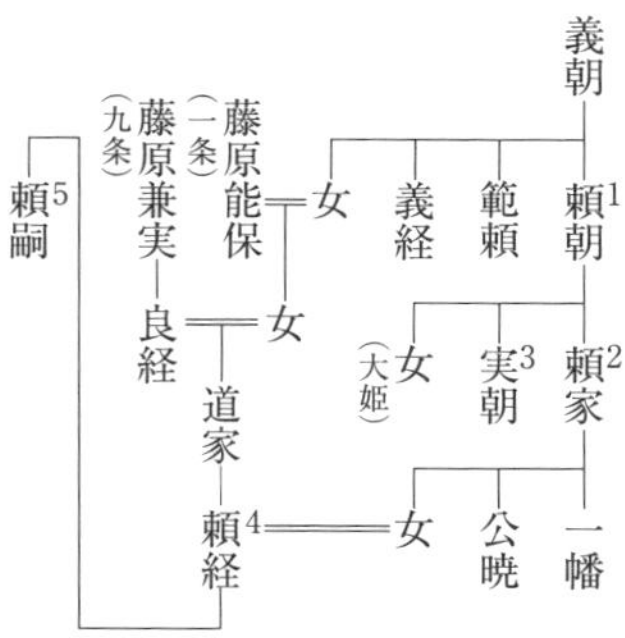

しのぶことはほとんどできないが、わずかに御所内の社であったと伝える宇都《うつの》宮稲荷《みやいなり》が跡地に残されている。

さらに一二三六（嘉禎二）年八月、宇都宮辻子御所の北側の若宮大路御所に移転。将軍頼経が大病をわずらい、その原因とみなされた土地の神の祟りを避けるための移転であった。

以上のような御所の変遷のなかでも、一二二五年の宇都宮辻子御所への移転は一大画期であった。このときには元の大倉御所の場所に再建するか、若宮大路方面に移転するかについて幕府内で議論があったが、最終的には若宮大路と決定したのである。議論の過程では、「大倉御所は頼朝の墓（法華堂）の下にあって、縁起が悪い」という意見が出されている。したがって、大倉からの移動は、源氏三代の御所とその背後の頼朝墓、御所南側の義朝をまつる勝長寿院《しょうちょうじゅいん》があり源氏将軍の記憶につながるような場所を離れ、新しい体制をつくろうとする北条泰時らの意図が反映されたと思われる。これによって、大倉を通過する山側の東西道路から、若宮大路という南北道路へと、都市鎌倉の基本軸が移動したのである。また、若宮大路方面への移転は、鎌倉の海岸付近の繁栄・都市化

●――鎌倉時代の鎌倉（永原慶二監修『岩波　日本史辞典』より一部改変）

●――宇都宮辻子御所跡に残る宇都宮稲荷

に対応するものでもあった。

宇都宮辻子御所への移転は、御家人をはじめとする御所周辺の住民にも大きな影響をあたえた。大倉御所周辺には御家人の屋敷が密集していたのであるが、御所の移転後は、大倉に残る屋敷もあるものの、多くの屋敷が若宮大路や宇都宮辻子方面に新築されたのである。

一方、大倉御所周辺の発掘調査の成果によっても、御所移転に近い時期にいくつかの変化が認められる。たとえば、御所の二五〇メートルほど東方にあたる市立第二小学校の敷地では、十二世紀末から十三世紀初頭にかけての御家人の屋敷と推定される遺構が発掘された。ここでは、十三世紀前半には堀が埋められて敷地が細分され、住人が御家人から一般庶民へ替わったと想像される。

「場所の記憶」と大倉御所跡地

さて、一二二五(嘉禄元)年に将軍御所が宇都宮辻子へと移転したあと、大倉御所本体の跡地はどうなったのであろうか。

そもそも、大量の人びとが継続的に定住する都市においては、そのなかの個々の「場所」は、どのような利用がなされたかによって自然に独自の歴史性が積み重ねられ、住人の意識を規定するようになる。いわば「場所の記憶」とでもいうべきものが、都市住人の心性のなかに引き継がれていくのである。

都市における「場所の記憶」がもっとも顕著にみられるのが、政治的な拠点である。政治的拠点が都市内の他の場所へ移動した場合、もとの場所がそのまま空き地として放置されることがある。その場所がいずれまた政治的拠点として復活する可能性を前提として、そのときまで空き地として保存するということであり、「場所の記憶」が尊重された結果と考えられる。代表的な例としては、平安京《へいあんきょう》の大内裏《だいだいり》の跡地が「内野《うちの》▲」という野原となり、一種の聖域となったことがあげられる。

それでは、大倉御所跡地の場合はどうであったであろうか。この点について、直接に語ってくれる文献史料は残念ながら存在しない。また、発掘調査も、推定地の中心部分が現在は私立小学校敷地となっているため、ほとんど行われていない。

しかし近年、大倉御所跡地を占める私立小学校の北東の一画で小規模の発掘

▼**内野**　平安京の大内裏の跡地。平安時代末期以降、天皇の居所が里《さと》内裏に移り、諸官庁も移転して、無人の広野となる。

調査が行われ、地下一メートルほどのところで礎板を入れた柱穴が東西の道路と平行して検出されたという。これらの柱穴の年代は、出土遺物からは鎌倉時代後期と推定され、大倉御所よりもずっと新しいものという。

ところで、『吾妻鏡』の一二三五(嘉禎元)年の記事には、「頼朝の法華堂(墓所)の前の湯屋から出火したため、諏訪盛重《すわもりしげ》が湯屋と法華堂の中間の民家数十宇を破壊させて、法華堂への延焼をくいとめた」とある。法華堂は御所背後の山に造営されたものであるから、法華堂の前とは、大倉御所跡地にあたる。御所移転の一〇年後には、跡地に湯屋や多くの民家が密集していたのである。よって、発掘された御所旧跡の柱穴も、御所移転後に建てられた民家の柱の痕跡と推定されるのである。

さらに時代のくだった一二四七(宝治《ほうじ》元)年には、頼朝法華堂の前の人家一〇宇が火災にあい、そのなかには金沢実時《かねざわさねとき》の邸宅もあった(『吾妻鏡』)。北条氏一族の金沢実時の屋敷が大倉御所の跡地にあったわけで、おそらくこれも、御所移転後に新造されたものであろう。

もう一つ、法華堂前の御家人屋敷に関する史料として注目されるのが、一三五〇（観応元《かんのう》）年の阿曾沼秀親《あそぬまひでちか》譲状《ゆずりじょう》（『小山文書《おやまもんじょ》』）である。この譲状では、鎌倉の屋敷二カ所が譲与されているが、その場所は「法華堂前」と「車大路▲」であった。南北朝時代には阿曾沼氏の屋敷が法華堂前にあったことがわかる史料であり、おそらく大倉御所廃絶後に御所跡地の一角に設けられたものであろう。

また、尊経閣文庫《そんけいかくぶんこ》所蔵の『新猿楽記《しんさるがくき》▲』という本の奥書▲には、一二四三（仁治《にんじ》四）年に、法華堂の下の「板屋」で書写した、と記されている。御所の跡地に「板屋」と表現されるなんらかの建物があったことを知ることができる。「板屋」という表現からは、武士の屋敷というよりは庶民の住居が想像されるが、よくはわからない。

このほか、御所の西南角にあたると思われる地点、筋替橋北側の発掘調査でも、十三世紀中ごろをさかいにして、六浦道沿いの土塁《どるい》や西御門川に平行する柵《さく》が姿を消し、土地が小さな区画に分割されたことがわかっている。

以上の事例より、大倉御所の跡地は、少なくともその敷地の一部は御家人屋敷や庶民の家屋として分割利用されたと思われ、敷地全体が空き地のまま保存されたとは考えられない。

▼**車大路**　『吾妻鏡』などにみえる鎌倉の道の名。市街南方の浜近くを、東西に走る道であったと推測される。この道に面して、加藤《かとう》景廉《かげやす》や小山朝政《ともまさ》の屋敷があった。

▼**『新猿楽記』**　平安時代後期成立の芸能風俗の手引き書。藤原明《あき》衡《ひら》の著。猿楽などの芸能の内容や、見物人の職種・風俗を列挙する。

▼**奥書**　本の末尾（奥）などに、本の成立や伝来に関する情報を記した文章。書写・校正・譲渡などの行われた年月日や関係者の名、場所などが記される。

「場所の記憶」を残そうとする営み

大倉幕府の跡地が聖域として保存されずに一部が転用されていたということは、中世の武家や中世鎌倉の住人たちが「場所の記憶」を尊重しようとしなかったということなのであろうか。しかし、必ずしもそうではないことを以下のいくつかの事例によって明らかにしてみたい。

まず取り上げたいのは、大倉御所裏山に位置した頼朝の法華堂の事例である。これまでも何度か言及したように法華堂は頼朝の墳墓堂《ふんぼどう》である。江戸時代には、法華堂という堂が頼朝墓所のすぐ下に別にあったためまぎらわしくなったが、本来の法華堂は墓所と一体のもので、堂の床下に遺骨を安置したのである。すなわち、現在の頼朝の墓の場所に法華堂は存在した。頼朝と幕府草創の記憶につながる場所として、大倉御所の背後に設けられたのである。

一二四七(宝治《ほうじ》元)年の宝治合戦《かっせん》▲の際には、最終的に三浦《みうら》一族は法華堂にたてこもり自決して果てたのであった。三浦氏は、御所移転後も大倉御所に隣接する「西御門」の地に屋敷を残しており、源頼朝以来の由緒がある大倉から逃れるように御所移転を推進した北条氏とは対照的に、源氏将軍の記憶につながろう

●江戸時代の頼朝墓と法華堂(『相中留恩記略《そうちゅうりゅうおんきりゃく》』)

▼宝治合戦　一二四七(宝治元)年に勃発した、有力御家人三浦氏の反乱。執権北条時頼や安達景《かげ》盛《もり》・義景《よしかげ》父子の勢力と、三浦泰《やす》村《むら》・光村《みつむら》兄弟らの勢力が衝突したもの。鎌倉内での合戦の末、三浦一族は自刃、三浦に味方した豪族千葉秀胤《ちばひでたね》も滅ぼされ、以後北条氏による独裁の傾向が強まった。

とする心性をもっていたのではなかろうか。

そもそも、現在まで残されている「西御門」「東御門」「南御門」という地名こそが、大倉御所の西、東、南の門にちなむものであり、場所の記憶を明瞭にきざみこんだものといえる。

時代はだいぶくだることになるが、一五四五(天文《てんぶん》十四)年に大倉付近を訪れた連歌師《れんがし》の宗牧《そうぼく》は、その紀行文『東国紀行《とうごくきこう》』▲に「源頼朝の御所跡地であることを地元の人びとも心得ていて、畠にはしないで、芝を生い茂らせて武士に関連が深い馬の放牧場のようにしてある」と記している。鎌倉時代からそのような光景がみられたかどうかはわからないが、少なくとも鎌倉の住人たちのあいだには大倉御所の「場所の記憶」が伝承されていたことは確かである。

右に関連して思いだされるのが、室町時代の鎌倉公方の御所の事例である。鎌倉公方の御所は、鎌倉時代の足利氏《あしかがし》の屋敷を引き継ぐもので、浄妙寺《じょうみょうじ》の東に構えられていた。この御所は、一四五五(康正《こうしょう》元)年に足利成氏《しげうじ》が下総古河《しもうさこが》に移ったあとは荒廃したものと思われるが、江戸初期成立の『新編《しんぺん》 鎌倉志《かまくらし》』▲には、「いずれまた古河の公方が鎌倉に復帰することもあろうかと、御所跡地を畠

▼『東国紀行』　宗祇《そうぎ》の孫弟子宗牧(?～一五四五年)が著わした戦国時代の紀行文。一五四四(天文十三)年九月に京都を出発し、東海道をくだって鎌倉を経由、隅田《すみだ》川《がわ》を渡るまでが記されている。全一巻。

▼『新編 鎌倉志』　江戸時代前期成立の鎌倉周辺の地誌。一六八五(貞享《じょうきょう》二)年刊行。全八巻。徳《とう》川《がわ》光圀《みつくに》の命により、家臣の河井《かわい》恒《つね》久《ひさ》・松村清之《まつむらきよゆき》・力石忠一《ちからいしちゅういち》が編纂した。

●鎌倉公方御所跡（『新編 鎌倉志』）

▼北条時行の反乱　鎌倉幕府の滅亡後、一三三五（建武二）年に北条高時《たかとき》の遺児時行が起こした反乱。一時は足利直義《ただよし》を破り鎌倉を制圧したが、尊氏に敗れた。

にせず芝野としておいた、と地元の者が語った」いう記事がみえている。

実際には、大倉御所跡地が御家人屋敷や民家に転じた例がある以上、跡地全体がそっくり芝地として保存されたとは考えられない。それにもかかわらず、『東国紀行』と『新編 鎌倉志』に共通して、御所跡地を畠にせず芝地として保存するというエピソードがみられることから、御所の記憶は保存されるべきだとする意識が長く都市鎌倉に息づいていたとみなされよう。

また、足利尊氏《たかうじ》は、一三三五（建武《けんむ》二）年に北条時行《ときゆき》の反乱▲（中先代《なかせんだい》の乱）を鎮圧して鎌倉に入ったのち、後醍醐《ごだいご》天皇の帰京命令を無視し、鎌倉に居座る。このときに尊氏は、鎌倉幕府の若宮大路御所の跡地に屋敷を新造し、高師直《こうのもろなお》以下の家臣《かしん》たちがその周囲に宿所を構えたという（『梅松論《ばいしょうろん》』）。まさに将軍御所の「場所の記憶」を武士たちが尊重した結果と考えられる。

以上みてきたように、中世の武家や鎌倉の住人たちにとっても、「場所の記憶」という心性はけっして無縁のものではなかった。したがって、大倉御所に関しても、場所の記憶を保存しようとするなんらかの動きがあったのではないかと想定される。大倉御所の記憶をとどめようとした営みの痕跡を確かめてみることにしたい。

大門寺とはどのような寺院であったか

かつて大倉に、「大門寺《だいもんじ》」という真言《しんごん》系の寺院が存在した。大門寺は今は存在しないが、少なくとも一四三一（永享《えいきょう》三）年ごろまでは確実に存在していた。なぜ、ここで大門寺に着目するのかというと、大倉に存在したということと、「大門」という門にちなむ名称をもつことが、大倉御所との関連を想像させるからである。「西御門」などの地名に端的にあらわれているように、門は御所の存在を象徴するものであった。大門寺の「大門」も、あるいは大倉御所の門にちなむものではなかろうかと思われるのである。

大門寺に関する最古の史料は、『血脈類集記《けちみゃくるいじゅうき》』▲に、一二四二（仁治三）年五月に「大門寺灌頂堂《かんじょうどう》」において、「定清《じょうせい》」という僧が実賢《じっけん》から灌頂▲を受けた、とあるものである。また、金沢文庫《かなざわぶんこ》所蔵 聖教《しょうぎょう》▲の奥書（『神奈川県史　資料編一』二四二号）には、同年八月に定清が「鎌倉大倉之阿弥陀堂《あみだどう》」にて実賢から本を借用して書写したことが記され、さらに「大門寺」の説明として「即阿弥陀堂」ともある。よっ

▼**『血脈類集記』**　鎌倉時代後期成立の真言宗僧侶の系譜集。全一三巻。元瑜《げんゆ》の編と推定される。師匠となる僧ごとに、その弟子の名が列挙されている。

▼**灌頂**　密教における儀礼の一つ。仏縁を結び法を伝授する際に行われる。師匠から弟子へ密教の奥義《おうぎ》を授ける伝法《でんぽう》灌頂や、広く俗人に仏縁を結ばせる結縁《けちえん》灌頂などがある。

▼**聖教**　仏教の教義にかかわる書物。経典やその解釈書、儀礼にかかわる書類などをさす。

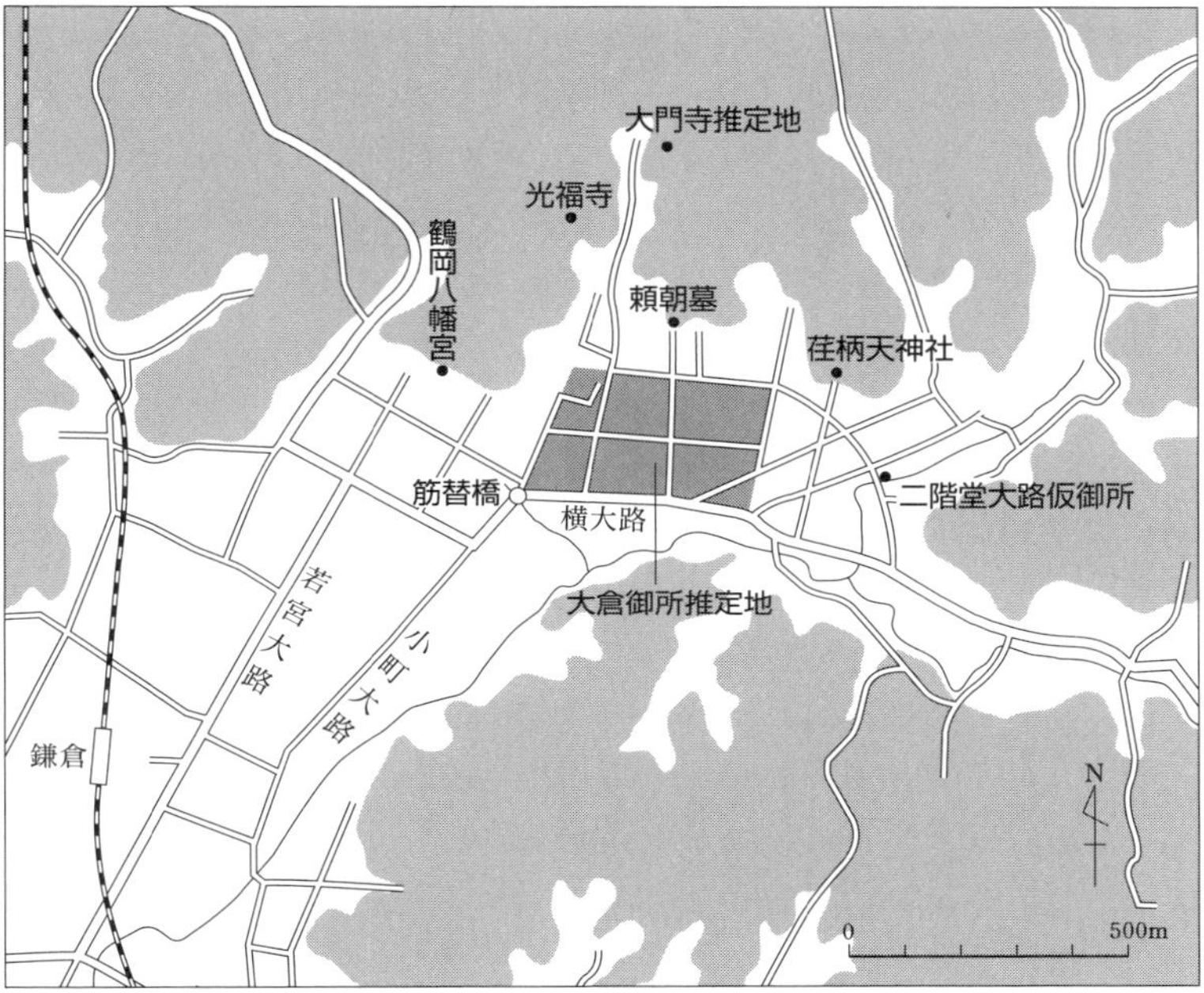

●──大倉御所周辺図(『二万分一正式地形図』1903〈明治 36〉年より作成)

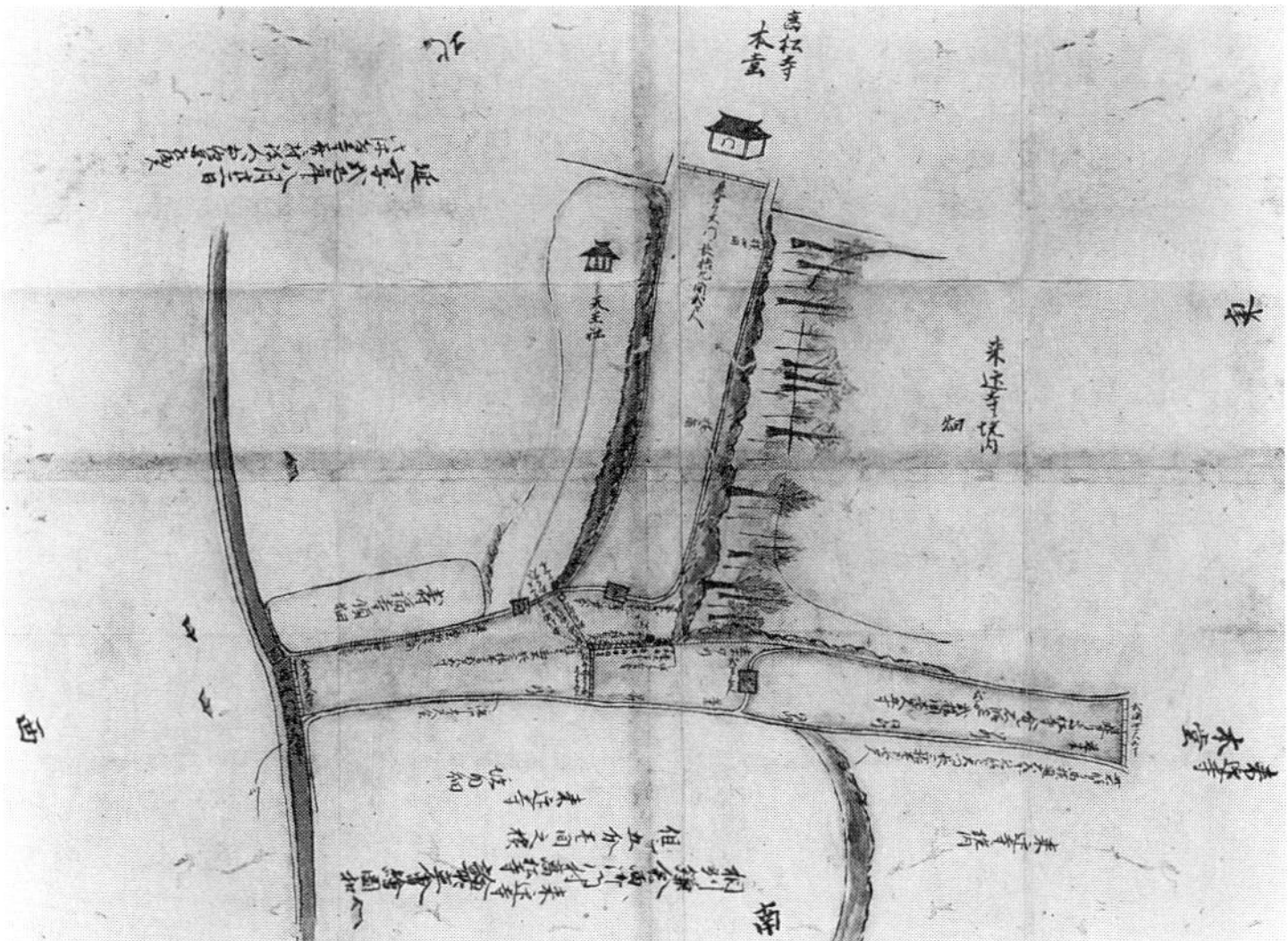

●──『来迎寺・高松寺論所立会絵図』(1745〈延享 2 〉年)

て、大門寺は一二四二年以前に、大倉の地に建立され、大倉の阿弥陀堂とも呼ばれたことがわかる。

それでは、大門寺は大倉のどの辺りにあったのであろうか。江戸時代の地誌『新編《しんぺん》 相模国《さがみのくに》風土記稿《ふどきこう》』▲に、西御門の天王社《てんのうしゃ》が「字《あざ》大門」にある、という記事がみえ、この大門が大門寺にちなむ可能性がある。この天王社は、江戸時代の絵図『来迎寺《らいごうじ》・高松寺《こうしょうじ》論所立会絵図《ろんしょたちあいえず》』において、来迎寺の北側、高松寺▲(現在廃寺《はいじ》)の南西に隣接して描かれている「天王社」であろう。現在は八雲《やくも》神社が存在しており、その周辺が「字大門」ということになる。この場所が大門寺の場所だとすると、大倉御所の北側約三〇〇メートルに位置する。「大倉阿弥陀堂」の名称にふさわしく、御所の記憶とも結びつきやすい場所といえる。

さて、草創期の大門寺を拠点としていた定清とは、どのような僧であろうか。一二八〇(弘安《こうあん》三)年に九六歳で没しているから、逆算して一一八五(文治《ぶんじ》元)年の生まれである。父は、鎌倉幕府の有力御家人後藤基清《ごとうもときよ》。一二二七(嘉禄三)年に、鶴岡八幡宮別当定豪《べっとうじょうごう》から伝法《でんぽう》灌頂を受け弟子となる。その後、大門寺にて醍醐寺《だいごじ》の実賢より三宝院流《さんぼういんりゅう》を伝授され、大慈寺《だいじじ》丈六堂《じょうろくどう》の別当もつとめてい

▼『新編 相模国風土記稿』　相模国に関する江戸時代後期の幕府官撰の地誌。一八四一(天保《てんぽう》十二)年完成。林述斎《はやしじゅっさい》が編集の責任者となった。全一二六巻。

▼高松寺　江戸時代に建立された日蓮宗の尼寺。水野忠元《みずのただもと》の室、高松院日仙《こうしょういんにっせん》の創建とされる。一九三一(昭和六)年に宮城県へ移った。

●後藤氏略系図

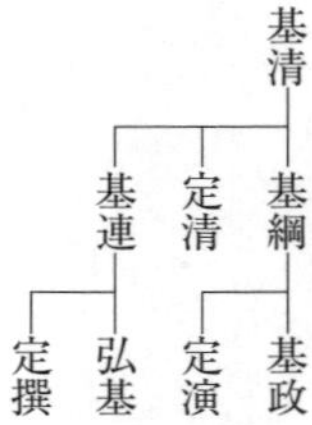

る。大慈寺は、源実朝が建立した寺院で、のちに敷地内に北条政子《まさこ》追善のための丈六堂が建てられ、幕府から重視された寺院である。

定清の師匠である定豪は、鎌倉に四〇年あまり居住して八幡宮別当などの要職を歴任し、幕府の後援をえて関東における真言密教《しんごんみっきょう》発展の基礎を築いた人物である。弟子の定清も、幕府と密接な関係をもち、将軍九条頼経の護持僧《ごじそう》▲に選ばれているほか、幕府より命じられて祈雨などの祈禱《きとう》をつとめている。

定清は後藤基清の息であったが、定清や大門寺の周辺にはほかにも後藤氏関係者の存在が確かめられる。たとえば、定清の弟子の定演《じょうえん》は、定清と兄弟の後藤基綱《もとつな》の子であった。定清の直接の弟子ではないが、大門寺で活動していた弘《こう》基《き》と定撰《じょうせん》という僧は、ともに定清の兄弟後藤基連《もとつら》の子であった。このように、大門寺は、御家人後藤氏ときわめて関係の深い寺院であった。

実朝と大倉御所をしのぶ寺

後藤氏は、定清の父基清を祖とする有力御家人であったが、基清は承久《じょうきゅう》の乱▲で京方に属して斬罪に処せられている。しかし、子息基綱（定清の兄）は鎌倉方

▼**護持僧**　天皇や将軍などの重要人物の身体安穏《あんのん》のために加持《かじ》祈禱を行う僧侶。

▼**承久の乱**　後鳥羽上皇《ごとばじょうこう》が鎌倉幕府を倒すために、一二二一（承久三）年に起こした乱。後鳥羽上皇は、幕府を朝廷に完全に従属させようとしていたが、上皇に近い源実朝が暗殺されたことで、幕府と朝廷間に緊張が高まっていた。北条政子・義時を中心とする幕府方は、大軍を京へ派遣して京方（朝廷方）を打ち破り、後鳥羽上皇は隠岐《おき》へ配流《はいる》となった。

に属したため乱後もその地位を保ち、評定衆《ひょうじょうしゅう》▲にも任命されている。基綱の屋敷は、大倉御所移転後の一二二九（寛喜《かんぎ》元）年から四三（寛元《かんげん》元）年ごろに大倉の西御門に存在していたことが史料から確かめられる。おそらく一二二五（嘉禄元）年の御所移転以前も、同一の場所にあったと想像される。大門寺が史料上に登場するのが一二四二（仁治三）年であるから、基綱の屋敷と大門寺が、ともに大倉西御門に存在した時期が確実にあったということになる。

後藤氏にとって大倉は、代々仕えてきた源家将軍の御所があった場所であり、みずからも屋敷を構えた場所だったのである。そのような場所に、大門寺があり、同族の僧が拠点としていたとなれば、両者の関係が密であるのは当然のことであろう。

そして、ここに興味深い事実がある。一二三二（貞永《じょうえい》元）年十二月、後藤基綱が将軍実朝の追善のために大倉に仏堂を建立し、法会《ほうえ》が行われているのである。大倉のどの辺りに堂が建立されたかは不明であるが、有力御家人安達《あだち》氏が、氏寺的寺院である無量寿院《むりょうじゅいん》▲を甘縄の本邸近くに建立したことなども考えあわせると、基綱の「大倉堂」も西御門の屋敷近くにつくられた可能性が高いのではな

▼**評定衆**　鎌倉幕府の役職。一二二五（嘉禄元）年、執権北条泰時により創設された。執権が主催し評定所において開催される評定に参加し、政務・裁判を合議する。

▼**無量寿院**　無量寿寺《むりょうじゅじ》とも称される。甘縄の無量寺ケ谷《むりょうじがやつ》にあったと推測される真言・律系の寺院。安達泰盛《やすもり》の創建と考えられる。

かろうか。さらに注目される点は、法会の導師《どうし》を、定清の師匠定豪がつとめていることである。

後藤氏と関係が深く、大倉の西御門に存在し、定清の師匠が供養導師をつとめていることから、基綱の大倉堂こそが実は大門寺と考えられる。基綱が建立し、弟の定清を別当にすえ、師の定豪を名目的な開山《かいさん》に迎えたと考えれば、辻《つじ》棲《つま》はあう。後藤基綱の政治的立場をみてみると、もともと将軍実朝の側近であり、引き続いて将軍頼経の側近でもあった。また、基綱は関東の有力な歌人《かじん》の一人であり、頼経を囲む歌壇の中心人物で、勅撰《ちょくせん》歌人でもあった。よって、関東を代表する歌人でもあった源実朝に対する追慕の情は強いものがあったと思われ、追善のための仏堂を建立することになったのであろう。

基綱建立の堂は、大倉御所の跡地に近く、将軍実朝をしのぶ寺であることから、大倉御所を象徴する「門」にちなんで「大門寺」と命名されたと考えられよう。大門寺は、大倉御所の記憶を残そうとする営みの一つであった。

大倉には、ほかにも将軍御所にちなむと思われる伝承を伝えた寺院が存在した。江戸時代の紀行文『金兼藁《きんけんこう》』▲によれば、西御門の光福寺《こうふくじ》の本尊如意輪観音《にょいりんかんのん》の

▼『金兼藁』　江戸時代初期に成立した鎌倉各地を題材とする漢詩集。著者不詳。全一冊。付録に和《わ》歌《か》と説話を収録する。著者は一六五九(万治《まんじ》二)年に鎌倉を訪れている。題名の「金兼」は鎌倉の「鎌」の字を二字にわったもの。

像内から小児の衣服と遺骨が出現したことがあり、土地の者がいうには、かつて「公方」の子息が三歳で死去した折に父がその遺骸をおさめたものだという。光福寺は、西御門来迎寺や大門寺推定地の西北の奥の谷(市立第二中学校の北の谷)に江戸時代に存在した寺院で、この谷は近代には「弘福寺」と呼ばれていたという。現在は廃寺となっており、中世にさかのぼる寺院かどうかも定かではない。公方の子息の遺骸云々、という伝承もとうてい事実とは思われないが、やはり御所や頼朝墓所などが大倉にあったことから発生した伝承であろう。

大倉に将軍の御所があった、という「場所の記憶」は、さまざまに形を変えつつも受け継がれていったのである。

②——鶴岡八幡宮と若宮大路

鶴岡八幡宮の創建と放生会

鶴岡八幡宮《つるがおかはちまんぐう》は、地理的にみても鎌倉の平坦部の中央奥に位置しているが、中世都市鎌倉においては精神的・信仰的にも中心となる存在であった。

源頼朝《みなもとのよりとも》は、一一八〇（治承《じしょう》四）年十月七日に鎌倉へ入り、わずか五日後の十二日には早くも、先祖をまつるために、「小林郷の北山」に由比ヶ浜《ゆいがはま》の八幡宮（由比若宮《わかみや》）を遷している。もともと先祖頼義《よりよし》が石清水《いわしみず》八幡から勧請《かんじょう》した由比若宮（現在の元八幡の場所にあった）を、さらに現在の鶴岡八幡宮の場所に迎えたもので、これが鶴岡八幡宮（鶴岡若宮）の始まりである。

鶴岡八幡宮が造営された場所は、大倉御所《おおくらごしょ》の西北に隣接しており、源氏《げんじ》の氏《うじ》神《がみ》にこれから造成する御所の鎮護《ちんご》を託すため、早急に社殿を設けたかったのであろう。とにかく急いでいたらしく、社殿は松の柱と萱葺《かやぶ》きの屋根という粗略なつくりであった。翌一一八一（養和《ようわ》元）年には、大庭景義《おおばかげよし》の差配により、鎌倉には適当な大工がいないために武蔵浅草《むさしあさくさ》から大工を招いて本格的な八幡宮社殿の新築がなされた。そして、同年八月には、梶原景時《かじわらかげとき》▲を奉行《ぶぎょう》として遷宮《せんぐう》を行っている。

一一九一(建久《けんきゅう》二)年、大火により鶴岡八幡宮は焼失するが、ただちに再建され、あらためて石清水八幡を勧請した本宮《ほんぐう》(上宮)が、従来の社殿の背後(石段の上)の場所に造営された。従来の社殿は、若宮(下宮)と称されるようになった。

ところで、近年の発掘調査の結果、鶴岡八幡宮の場所について驚くべき事実が明らかになった。境内の東端、現在の鎌倉国宝館の北の地点から、八幡宮創建の少し前の時代と思われる墓が発掘されたのである。墓は土葬墓で、一対の成人男女の人骨が発掘され、墓の周囲に立てられたとみられる五輪塔《ごりんとう》の形の板なども出土している。八幡宮創建時には、すでに墓そのものは地中に埋もれてしまっていたようであるが、この場所がもともと鎌倉において宗教的色彩の濃い場所である、という認識は残っていた可能性がある。

当初は源氏の氏神としてまつられた鶴岡八幡宮は、やがて幕府と都市鎌倉、東国《とうごく》社会の守護神として、御家人《ごけにん》をはじめとする多くの人びとの信仰の中心と

▼**梶原景時**　?〜一二〇〇年。鎌倉郡梶原郷を本拠とする武士。父は景長《かげなが》。通称梶原平三《へいざ》。石橋山《いしばしやま》合戦では平氏方の大庭景親軍に属したが、やがて頼朝配下に入る。侍所所司《さむらいどころしょし》(次官)をつとめ、頼朝腹心として活躍するが、一一九九(正治元)年に反景時派の弾劾を受け失脚、翌年駿河で討伐された。

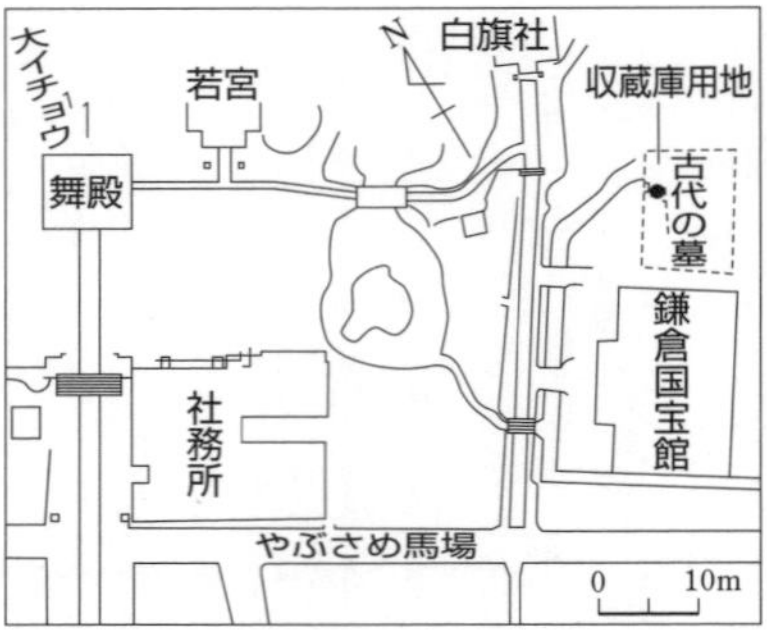

●**鶴岡八幡宮の古代の墓発掘地点**(河野眞知郎『中世都市鎌倉』より作成)

●——鶴岡八幡宮の流鏑馬

▼**流鏑馬**　武士が馬を疾走させながら馬上から弓矢で的を射る武芸。戦闘に備えての鍛練方法として採用される一方、芸能として神事の際に行われた。

▼**競馬**　古代に始まる馬の速さを争う競技。騎手が乗馬して、二騎ごとに勝負を競う。朝廷の年中行事のほか、神社の祭礼などに際して行われた。京都賀茂祭《かもさい》の競馬が有名。

なっていった。とりわけ、毎年八月に行われる放生会《ほうじょうえ》は、幕府あげての一大宗教行事であった。放生会は元来、捕えた生き物を放ち逃して功徳《くどく》をほどこす法会《ほうえ》で、石清水八幡宮にならって頼朝が一一八七（文治《ぶんじ》三）年に鶴岡でも始めたものである。八月一日から法会当日までは東国一帯には殺生禁断《せっしょうきんだん》の命令が幕府から出され、鶴岡放生会は「殺生禁断」という仏教的思想を借りて幕府が東国の支配者であることをあらためて知らしめるという効果があった。

放生会は、当初は八月十五日のみの法会であったが、一一九〇（建久元）年からは十五・十六の二日がかりの行事に拡大された。まず十五日には将軍《しょうぐん》みずからが参詣、経供養《きょうくよう》などの法会、社殿回廊《かいろう》での舞楽《ぶがく》などが行われた。これらは将軍と回廊での舞楽見物を許されたごく少数の御家人による、限られた人びとによる行事であった。十六日は主会場が馬場（現在の流鏑馬《やぶさめ》馬場）に移り、将軍臨席のもと、流鏑馬・▲競馬《くらべうま》▲などの行事が行われた。こちらは、広く見物人に開放された行事であり、多くの人びとが参集したのである。

流鏑馬は、石清水八幡宮放生会にはなく、鶴岡八幡宮放生会にて独自に取り入れられた儀礼で、御家人が武芸を披露する晴れの場でもあり、放生会の中心

●――田楽(『鶴岡放生会職人歌合』)

●――銅細工(『鶴岡放生会職人歌合』)

となった。

また、放生会には大量の東国御家人が動員された。将軍の舞楽見物に同席する役、御所と八幡宮を往復する将軍の行列に付き従う役、町中の辻を警護する役、流鏑馬や競馬をつとめる役などである。これらの役の配分や行列の配置は、御家人の身分秩序を示すものでもあり、放生会は幕府と御家人にとってきわめて重要な儀礼であった。

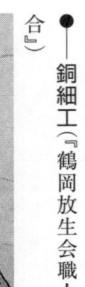

東国社会の中心的存在として

鶴岡八幡宮の放生会には、御家人だけではなく、さまざまな鎌倉の住人が参集したと思われる。このことを象徴的に示す興味深い文学作品として、『鶴岡放生会職人歌合《しょくにんうたあわせ》』がある。鶴岡八幡宮の放生会に集まった二四人の異なる職種の職人たちが和歌《わか》をよみくらべ、八幡宮の神主が判者《はんじゃ》となって優劣を判定する、という形をとり、それぞれの職人の絵が挿入された作品である。現存する最古の本は、画風・筆跡などから室町中期の成立と推定されているが、序文に皇族将軍の参詣についての記述があり、内容的には鎌倉後期にさかのぼることができる。

もちろん歌のよみくらべ自体はフィクションであるが、『職人歌合』に登場する職人が鶴岡八幡宮に密接に関係したことは確かであろう。たとえば、放生会などの神事にかかわる職人として、「楽人《がくじん》」「舞人《まいびと》」「相撲《すまい》」「猿楽《さるがく》」「田楽《でんがく》」がみえ、社殿周辺のメンテナンスにかかわる職人には「絵師《えし》」「銅細工《どうざいく》」「畳差《たたみさし》」「鏡《かがみ》磨《みがき》」「御簾編《みすあみ》」などがあげられる。また、「遊君《ゆうくん》」「白拍子《しらびょうし》」などの職人についても、直接・間接に鶴岡八幡宮の統括を受けていた可能性がある。鎌倉・東国の職人たちにとって、幕府と一体となった鶴岡八幡宮は、活動の保障を期待しうる中心的存在であったと思われる。

御家人や幕府関係者にとっても、鶴岡八幡宮が精神的中心であったことはいうまでもない。『吾妻鏡《あずまかがみ》』からいくつかエピソードを拾ってみよう。一一九九(正治《しょうじ》元)年十月、千葉《ちば》常胤《つねたね》・三浦《みうら》義澄《よしずみ》以下の六六人の御家人が、鶴岡八幡宮の回廊に群集し神前で一味同心《いちみどうしん》▲を誓って、梶原景時弾劾《だんがい》の連判状《れんぱんじょう》に署名をしている。

一二三〇(寛喜《かんぎ》二)年五月には、将軍頼経《よりつね》の御所から剣や衣服が盗まれる事件

▼**一味同心**　中世において、多数の人びとが共通の目的のために心をあわせて行動すること。一致団結を神仏の前で誓約する。

が起きた。御所に詰める侍《さむらい》と女中の二人が疑わしいとなり、北条泰時《ほうじょうやすとき》は二人に、鶴岡八幡宮に参籠《さんろう》して起請文《きしょうもん》▲を書くことを命じた。すると、「起請の失《しつ》▲」があり、罪が露見したという。

一二三一(寛喜三)年九月には名越朝時《なごえともとき》の屋敷に悪党《あくとう》が乱入し、兄の執権《しっけん》北条泰時が評定《ひょうじょう》を中座してみずからかけつけた、という騒ぎがあった。重職の身で軽はずみであると批判された泰時は、「他人がどう思おうと兄弟の安否は一大事なのだ」と答え、伝え聞いた朝時は「子孫にいたるまで泰時の子孫に忠をつくす」という誓約書を書き、一通を控えとして家に残し、もう一通を鶴岡八幡宮の別当《べっとう》に届けたのである。御家人たちの誓約の対象として、まず第一に鶴岡八幡宮が考えられていたということである。

鶴岡八幡宮の信仰とセットとなると思われるのが、長谷《はせ》にある鎌倉大仏である。鎌倉大仏はたいへんに謎の多い存在であるが、現存の金銅《こんどう》大仏が阿弥陀如《あみだにょ》来《らい》像であり、幕府の関与のもと、浄光《じょうこう》という僧が勧進《かんじん》を行い、一二六〇(文応《ぶんおう》元)年ごろ(北条時頼《ときより》の最晩年)に完成したことは確かである。

阿弥陀如来は八幡神の本地仏《ほんじぶつ》▲であり、大仏は鎌倉の守護神鶴岡八幡宮の分身

▼起請文　中世において、あることがらを神仏に誓約する書類。牛玉宝印《ごおうほういん》という紙のお守りの裏に書かれることが多い。

▼起請の失　起請文を書いて神仏に誓約した者が、虚偽の誓約をしていたときにあらわれるとされる現象。神社に一定期間籠もり、その間に誓約者が鼻血を出した場合などが該当する。

▼本地仏　平安時代から浸透した本地垂迹説《すいじゃくせつ》において、神々の本来の姿とされる如来や菩薩《ぼさつ》。本地垂迹説では、各種の神は、仏教の如来や菩薩などが、人びとの救済のために形を変えて出現した姿とされる。

としてあらたに鎌倉の西方に安置されたのではなかろうか。時頼以前の鎌倉は、どちらかといえば若宮大路より東が中心という感が強い。大倉御所・法華堂《ほっけどう》・勝長寿院《しょうちょうじゅいん》をはじめ、宇都宮辻子《うつのみやずし》御所も若宮大路沿いとはいえ東側である。若宮大路の両側の土地も、西側より東側のほうが標高が高かった。ところが、泰時・時頼のころから、山ノ内《やまのうち》への道が整備され、建長寺《けんちょうじ》の創建、極楽寺《ごくらくじ》の繁栄など、大路の西側が活況を呈してくる。こうした流れのなかで、西から鎌倉へ入る人びとのランドマークとなるような場所に、西方浄土《さいほうじょうど》の教主とされる阿弥陀如来の大仏が建立されたのであろう。

『大仏旨趣《ししゅ》』（金沢文庫《かなざわぶんこ》蔵）という鎌倉後期の史料には、勧進上人《しょうにん》が「八幡」の「社壇」で「霊夢」をみて大仏建立を思い立った、とある。このことからも、鎌倉大仏が鶴岡八幡宮の東国社会における中心性を受け継ぐ存在であったことがうかがわれよう。

室町時代以降も、引き続き鶴岡八幡宮は鎌倉・東国の守護神として鎌倉公方《くぼう》足利氏《あしかがし》や武士の崇敬を受けた。十五世紀成立の『鎌倉年中行事《ねんちゅうぎょうじ》▲』という史料によれば、正月に鎌倉公方が最初に参詣したのが鶴岡八幡宮であった。八月十

▼**『鎌倉年中行事』**　室町時代成立の鎌倉府の年中行事に関する故《こ》実書《じつしょ》。『殿中《でんちゅう》以下《いか》年中行事』『成氏《しげうじ》年中行事』とも称す。一四五四（享《きょう》徳《とく》三）年に最終的に成立するが、原型部分は以前に成立していたと考えられる。全一冊。

●—鎌倉大仏

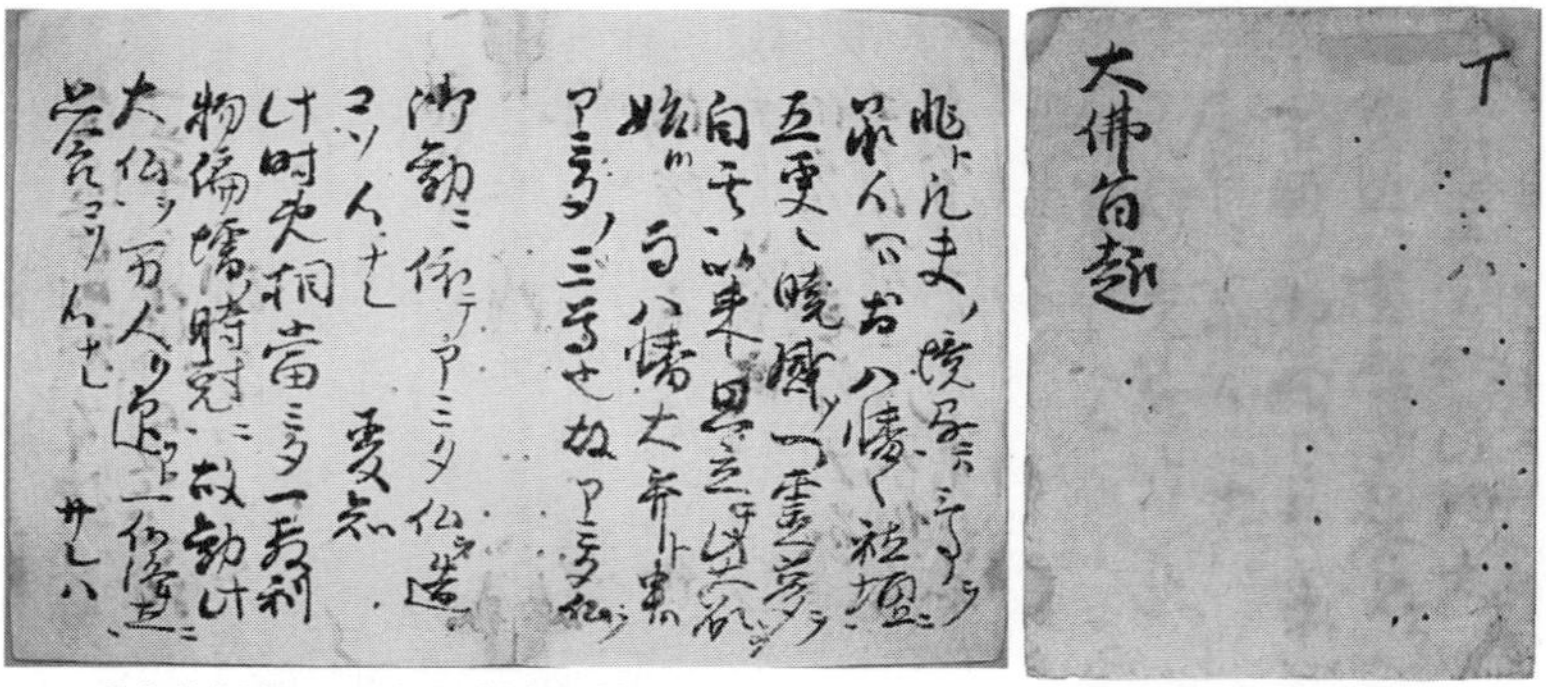

大佛旨趣

●—『大仏旨趣』　表紙(右)と第3丁。

五・十六日には鶴岡放生会が行われ公方が参詣。ただし十六日には流鏑馬ではなく猿楽が記されており、室町時代には流鏑馬が廃絶してしまっていたらしい。また、一四三四(永享《えいきょう》六)年、四代公方足利持氏《もちうじ》は「怨敵《おんてき》」(将軍義教《よしのり》をさす)の打倒を願う血書の願文《がんもん》を鶴岡八幡宮におさめており、現物が今に伝わっている(『鶴岡八幡宮文書』)。戦国時代には、後《ご》北条氏は小田原《おだわら》に本拠をおくが、やはり鶴岡八幡宮を厚く保護しており、中世を通じて八幡宮が東国の精神的中心であったことがわかるのである。

一切経の権威

鶴岡八幡宮は現在は純然たる「神社」であるが、これは明治の神仏分離《しんぶつぶんり》によって仏教的色彩が一掃されたあとの姿である。明治以前には、実は寺院と神社が一体となった「神仏習合《しゅうごう》」の形態をとっており、境内には寺院的施設も多く、八幡宮の最高責任者である「別当」は僧侶であった。別当のほかに日常の社殿の管理や勤行《ごんぎょう》・祈禱《きとう》を担当する「供僧《ぐそう》」と呼ばれる僧が二五人任命されていた。別当の住居である「別当坊《ぼう》」や、供僧の住居である「二十五坊」は、八幡宮の西北の

▼猿楽　能楽の原型となった中世の芸能。本来は滑稽《こっけい》な即興芸《そっきょうげい》であったが、やがて舞踊と歌謡をともなった簡単な劇に変化した。

●——足利持氏血書願文(『鶴岡八幡宮文書』)

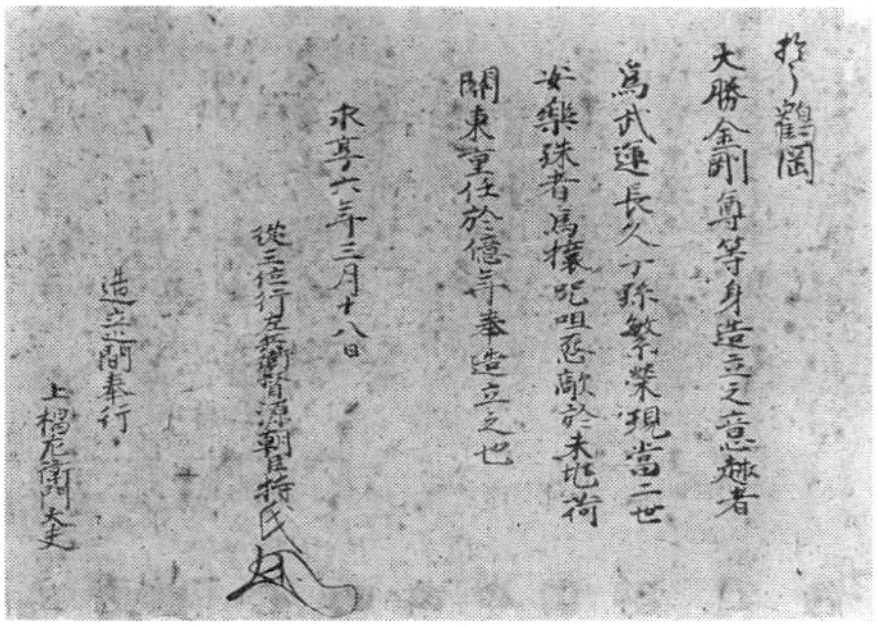

[illegible]鶴岡
大勝金剛尊等身造立之意趣者
爲武運長久子孫繁榮現當二世
安樂殊者爲攘呪咀怨敵於未兆荷
關東重任於億年奉造立之也
永享六年三月十八日
従三位行左兵衛督源朝臣持氏
造立間奉行
上椙右衛門大夫

▼寺院的施設　江戸時代の境内絵図には、大塔《だいとう》や経蔵《きょうぞう》・鐘楼《しょうろう》・護《ご》摩堂《まどう》・薬師堂などがみられる(扉写真参照)。

谷、通称「御谷《おやつ》」と呼ばれる地域に存在していた。

鶴岡八幡宮は初代将軍頼朝が建立し、幕府が別当を任命し供僧を管理、幕府のための祈禱が行われる寺院であった。いわば将軍家の御願寺《ごがんじ》、幕府直属寺院という側面があった。

同じように幕府直属寺院ともいうべき寺院が、鎌倉にはあと二つ存在した。一つは勝長寿院《しょうちょうじゅいん》である。頼朝が父義朝《よしとも》の菩提《ぼだい》をとむらうために大倉御所の南方の谷に建立した寺院で、「大御堂《おおみどう》」と呼ばれた。室町時代に廃絶し、現在は跡地に石碑が建てられているのみである。

もう一つは永福寺《ようふくじ》で、頼朝が奥州合戦《おうしゅうかっせん》▲の戦没者の鎮魂のために、大倉御所の東北、現在の鎌倉宮《ぐう》の東北付近に建立した。中心となる堂が平泉中尊寺《ひらいずみちゅうそんじ》の二階大堂《にかいおおどう》(大長寿院《だいちょうじゅいん》)を模した二階の堂であったため「二階堂」と呼ばれ、付近一帯の地名にもなった。永福寺も室町時代に廃絶したとみられ、現在寺院は残らないが、発掘調査の結果さまざまなことが判明している。伽藍《がらん》配置については、二階堂の左右に阿弥陀堂・薬師堂《やくしどう》がならび、三つの堂の正面には池を中心とした壮大な庭園が設けられていたことがわかった。また、伽藍の正面の山から寺

▼**奥州合戦**　東国の支配権をめぐって源頼朝と平泉の奥州藤原氏が争った合戦。藤原秀衡《ひでひら》が、頼朝に対抗する義経《よしつね》をかくまったことから対立が深刻化していた。秀衡死後、子の泰衡《やすひら》は一一八九(文治五)年に義経を殺害するが、頼朝は泰衡追討の合戦を強行、藤原氏を滅亡させた。

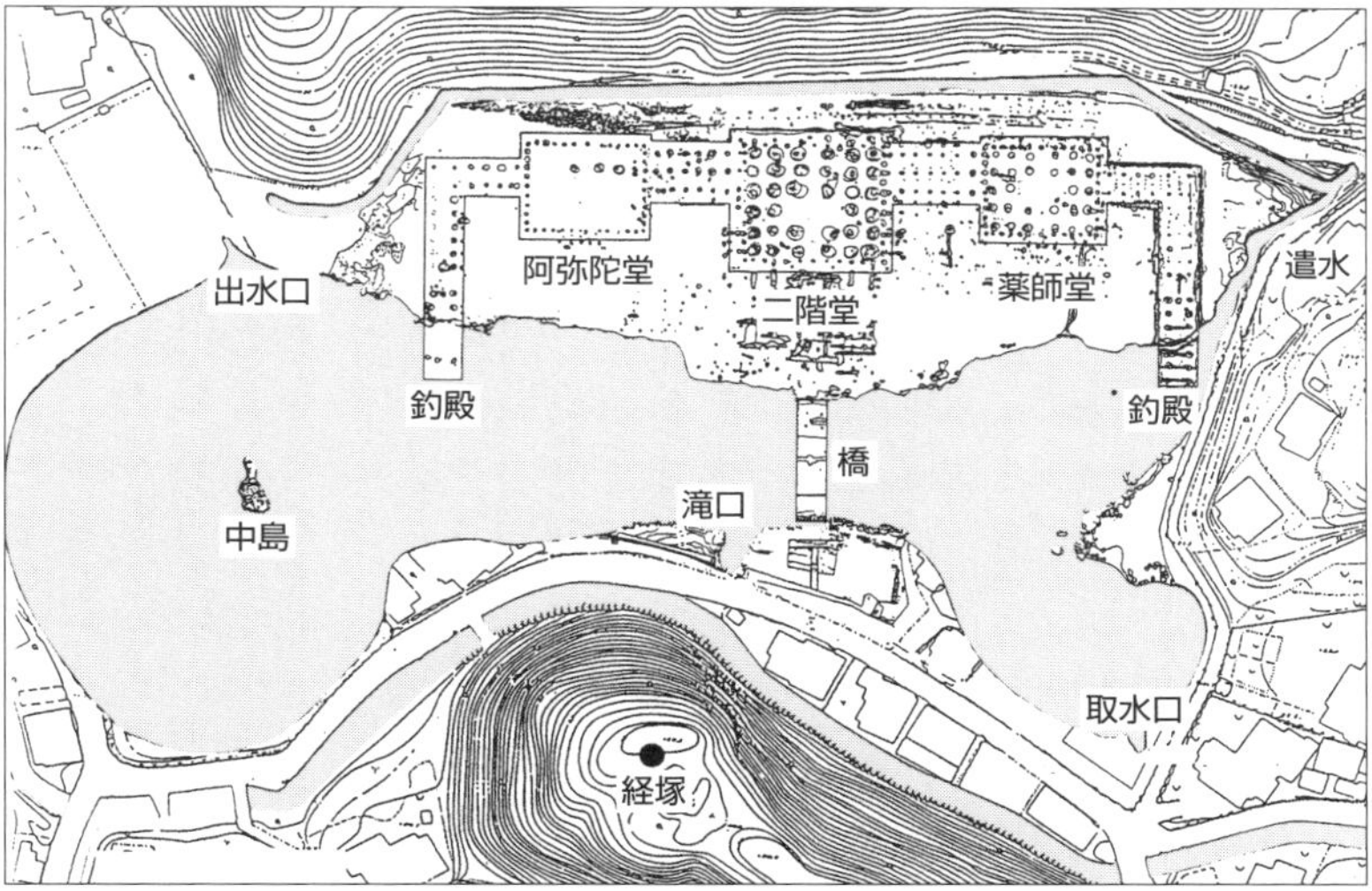

●―永福寺の伽藍配置(鎌倉市教育委員会編『史跡永福寺跡解説パンフレット』による)

●―永福寺想像復元図(原画：木村春美)

●―発掘された経筒

院創建のころに築かれた経塚《きょうづか》▲が発掘され、立派な経筒《きょうづつ》や念珠《ねんじゅ》・扇《おうぎ》・櫛《くし》などの品が出土している。経塚の造営者は、将軍もしくはその近親者と想定されている。永福寺は、まさに将軍家の権勢を示す大寺院であった。

鶴岡八幡宮・勝長寿院・永福寺は頼朝建立の寺として幕府が直接管理し最重要視されたのであるが、これら三寺院の格の高さを示すものの一つとして「一切経《いっさいきょう》」▲の存在があげられる。一切経という経典セットは、正統的な仏教の系譜につながるという権威の象徴であったが、その整備に多大な資金と労力を必要としたため、導入主体となった世俗の権力の権威を示すものともなっていた。白河上皇《しらかわじょうこう》が法勝寺《ほっしょうじ》▲におさめた一切経や、摂関家《せっかんけ》が宇治平等院《うじびょうどういん》におさめた一切経はその一例である。また、平泉では奥州藤原氏《ふじわらし》によって三セットもの一切経が備えられていた。鎌倉においても、世俗の有力者が関与する寺院には一切経が奉納され、一切経会という法会が行われて、権威を示していたのである。その代表が、幕府直属の三大寺院であった。

鶴岡八幡宮においては、一一九四(建久五)年十一月に、足利義兼《よしかね》が将軍家のために両界曼荼羅《りょうかいまんだら》と一切経を奉納している。こののちは、すでに一一八九(文

▼**経塚**　平安時代末期から各地でつくられるようになった経典を土中に埋蔵するための施設。法華経《ほけきょう》などの経典を経筒という容器にいれて埋め、上部に盛り土をしたり、石塔《せきとう》を立てたりする。

▼**一切経**　仏教経典を集大成したセット。約五〇〇〇巻からなる。「大蔵経《だいぞうきょう》」ともいう。中国(唐《とう》・宋)や、朝鮮(高麗《こうらい》)からもたらされたものや、国内で書写されたものがある。

▼**法勝寺**　京都白河に白河天皇が建立した寺院で、「国王の氏寺《うじでら》」と称された。一〇七七(承暦《じょうりゃく》元)年に主要な伽藍が完成、一〇八三(永保《えいほ》三)年には八角九重塔《はっかくくじゅうのとう》が建立された。室町時代に廃絶する。

治五)年より三月三日に行われていた鶴岡法会は、一切経会として毎年三月三日に行われるようになり、将軍が参列して舞楽などが奉納される幕府の行事となったのである。なお、天下に知られる宇治平等院一切経会が毎年三月三日の開催であり、舞楽が盛大に上演される場であったことから、鶴岡八幡宮もこれにならったものと考えられる。

勝長寿院については、『吾妻鏡』には一二〇〇(正治二)年六月にはじめて一切経会の記事がみられ、将軍が参列し舞楽があったことが記されている。そのほか、七月十一日に北条政子《まさこ》追善の恒例一切経会があったことなどが知られる。

永福寺に関しては、一二〇三(建仁《けんにん》三)年を最初として、『吾妻鏡』には三月十五日の恒例一切経会の記事が頻繁にみえている。将軍の出席も恒例となっていたが、桜の開花時期であり、庭園の整備された寺院であることから、花見も兼ねたものだったようである。

鎌倉における一切経保有寺院

鎌倉には、鶴岡八幡宮などの三大寺院のほかにも、一切経を保有する寺院がいくつかあった。逆にいえば、それらの寺院は強力な保護者がバックアップする、鎌倉の有力寺院であったのである。

まずあげられるのが、三代将軍実朝《さねとも》によって、六浦道《むつらみち》沿いの十二所《じゅうにそ》に建立された大慈寺《だいじじ》である（現在は廃寺《はいじ》）。一二二二（貞応《じょうおう》元）年十月に一切経会が行われており、経を納入したのは北条政子と考えられる。

北条時頼が建立した建長寺では、一二五八（正嘉《しょうか》二）年三月、北条泰時の妻の三回忌にあたり一切経が供養されている。経の納入主体は時頼であろう。一二七五（建治《けんじ》元）年にも、時頼十三回忌にあたり法堂の建立と一切経の整備がなされている（『仏源禅師語録《ぶつげんぜんじごろく》』▲）。

鶴岡八幡宮とセットとなる鎌倉大仏にも、やはり一切経が奉納されていた。一二五一（建長《けんちょう》三）年に書写し、「勧進聖人《しょうにん》浄光」が「相洲《そうしゅう》新大仏」に奉納した一切経の一部が現存している。浄光とは、まさに金銅大仏の勧進を行った僧であり、一二五一年は大仏鋳造開始の前年にあたっている。

狭義には鎌倉の外になるが、鎌倉と一体となる地域である六浦荘《しょう》金沢には、律宗《りっしゅう》寺院（当初は浄土系）称名寺《しょうみょうじ》があり、この寺にも一切経が存在した。六浦

▼『仏源禅師語録』　大休正念《だいきゅうしょうねん》の語録。『大休禅師語録』『大休和《お》尚《しょう》語録』ともいう。全六冊。大休正念は、中国南宋から渡来した禅《ぜん》僧《そう》。浄智寺《じょうちじ》を開いたのち、禅興寺《ぜんこうじ》、建長寺、寿福寺《じゅふくじ》、円覚寺《えんがくじ》の住持を歴任した。建長寺三世、円覚寺二世で、仏源派の祖とされる。

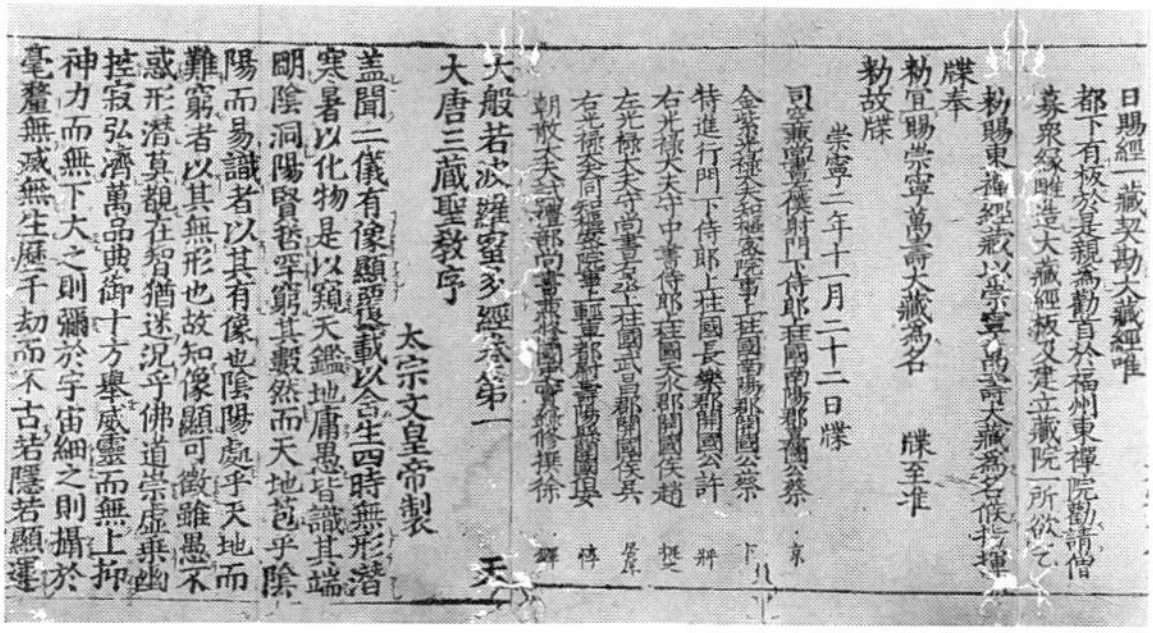
日賜經一藏契勘大藏經唯
都下有板於是親爲勸首於福州東禪院勸請僧
募衆緣雕造大藏經板及建立藏院一所欲乞
勅賜東禪經藏以崇寧萬壽大藏爲名候指揮
牒奉
勅宜賜崇寧萬壽大藏爲名　牒至准
勅故牒
崇寧二年十一月二十二日牒
司空兼尚書左僕射門下侍郎上柱國南陽郡開國公蔡
金紫光祿大夫知樞密院事上柱國南陽郡開國公蔡
特進行門下侍郎上柱國長樂郡開國公許
右光祿大夫守中書侍郎上柱國天水郡開國侯趙
左光祿大夫守尚書右丞上柱國武昌郡開國侯吳
右光祿大夫同知樞密院事上輕車都尉吉陽縣開國男
朝散大夫試禮部尚書兼侍讀國史實錄修撰徐
大般若波羅蜜多經卷第一　天
大唐三藏聖教序　太宗文皇帝製
蓋聞二儀有像顯覆載以含生四時無形潛寒暑以化物是以窺天鑑地庸愚皆識其端明陰洞陽賢哲罕窮其數然而天地苞乎陰陽而易識者以其有像也陰陽處乎天地而難窮者以其無形也故知像顯可徵雖愚不惑形潛莫覩在智猶迷況乎佛道崇虛乘幽控寂弘濟萬品典御十方舉威靈而無上抑神力而無下大之則彌於宇宙細之則攝於毫釐無滅無生歷千劫而不古若隱若顯運

●宋版一切経（称名寺）

は、朝比奈切通《あさひなきりとおし》しを越えた東の郊外で、鎌倉の外港ともいうべき場所であった。称名寺は、北条氏庶流の金沢実時《かねざわさねとき》の建立した寺院で、宋版《そうばん》一切経が伝来している。金沢文庫所蔵の『一切経供養表白《ひょうびゃく》』によると、同寺の一切経は、実時の発願《ほつがん》により叡尊《えいそん》の弟子定舜《じょうしゅん》が一二六一（弘長《こうちょう》元）年に中国（宋）から求めてきたものので、毎年一切経会が行われたという。同じ律宗の極楽寺にも、かつては元版《げん》の一切経が伝わっていた（称名寺所蔵『大毘婆沙論《だいびばしゃろん》』による）。

また、甘縄《あまなわ》の無量寿院《むりょうじゅいん》（現在廃寺）という安達氏《あだちし》が建立したと考えられる寺院にも一切経の存在が確かめられる。一二六五（文永《ぶんえい》二）年六月の安達義景《よしかげ》十三回忌法要の際に、一切経供養がなされているのである（『吾妻鏡』）。

さらに佐助《さすけ》の松ヶ谷《まつがやつ》にあった松谷寺《しょうこくじ》という寺院（現在は廃寺）にも、一切経に関連する史料が残っている。鎌倉幕府滅亡の直後、足利直義は一切経出版準備のため、現存分と欠損分の調査を松谷寺の智通《ちつう》上人に命じている（『金沢文庫文書』）。このことから、おそらく鎌倉末期までには松谷寺に一切経が納入されていたと思われる。しかもこの松谷寺が、無量寿院と同様に安達氏の保護を受けた寺院であったと指摘されていることは興味深い。

以上のように、鎌倉における一切経保有寺院はかなり限定的で、さきにふれた鶴岡八幡宮以下の三大寺院を含め将軍家・幕府ゆかりの寺院や、北条氏関連の寺院がおもなところであった。そうしたなかで、無量寿院と松谷寺という安達氏関連の寺院が二カ所も含まれている点は注目される。鎌倉後期の幕府政治において大きな位置を占めた安達氏の権勢が、一切経の権威を通じて、都市鎌倉のなかでも示されていたと考えられる。

若宮大路とその周辺

鶴岡八幡宮の参詣道として整備され、都市鎌倉の基本軸となったのが若宮大路である。一一八二(寿永《じゅえい》元)年、頼朝は妻政子の安産祈願のため、海岸近くから八幡宮へいたる直線の参詣道を造成した。

若宮大路と直交する道は、「下馬《げば》」と呼ばれる三カ所でのみ接続するようになっており、他の東西道路は若宮大路に直接通じていなかったと考えられる。したがって、若宮大路の通行者は、必ずいずれかの下馬をへて、騎馬の者は馬をおりてから大路へ入ることになったのである。

三つの下馬は、北から順に「上《かみ》ノ下馬」「中《なか》ノ下馬」「下《しも》ノ下馬」と呼ばれており、中・下の地点ではそれぞれ「中ノ下馬橋」「下ノ下馬橋▲」という橋が若宮大路にかけられていた。上ノ下馬は、若宮大路の北端、三ノ鳥居前の横大路との交差点である。中ノ下馬は、現在の鎌倉駅近くの二ノ鳥居付近で東西道路と交差したが、この東西道路が「宇都宮辻子」にあたると想定される。下ノ下馬は、大町大路との交差点で、現在の下馬四つ角にあたる。

若宮大路の中央部に一段高く築かれたのが「段葛《だんかずら》」と呼ばれる道で、将軍の参詣などの儀礼的通路として使用されたと考えられる。段葛という名称は、一段高く築いた道に、葛石（縁石《えんせき》）をおいたことによると思われる。中世の史料では、「置石《おきいし》」もしくは、「作道《つくりみち》」などと呼ばれている。平安京においては、内裏《だいり》への貴人の通路として一段高い「置路《おきみち》」というものが設置されており、若宮大路の置石（段葛）も、これにならったと考えられる。

現在の段葛は、八幡宮前の三ノ鳥居から二ノ鳥居までとなっているが、中世の絵図（『善宝寺寺地図《ぜんぽうじじちず》』）や近世の絵図（『鶴岡八幡宮境内絵図』『相中留恩記略《そうちゅうりゅうおんきりゃく》▲』）をみると、さらに南の下ノ下馬付近まで存在している。しかし、下ノ下馬より南

▼下ノ下馬橋　鎌倉時代の下ノ下馬橋周辺は一種の繁華街であったと思われる。『吾妻鏡』によれば、橋の両側の店で小山《おやま》氏と三浦氏がそれぞれ酒宴をしていたことや、橋付近でしばしば火災が発生していたことが知られる。

▼『相中留恩記略』　相模国《さがみのくに》鎌倉郡渡内《わたうち》村の名主福原高峯《みょうしゅふくはらたかみね》の編纂した相模国の地誌。江戸の画家長谷《はせ》川雪堤《がわせってい》が挿画を担当した。本編二五冊が一八三九（天保《てんぽう》十）年に完成、付録一冊は一八五四～六〇年（安政《あんせい》年間）の成立。

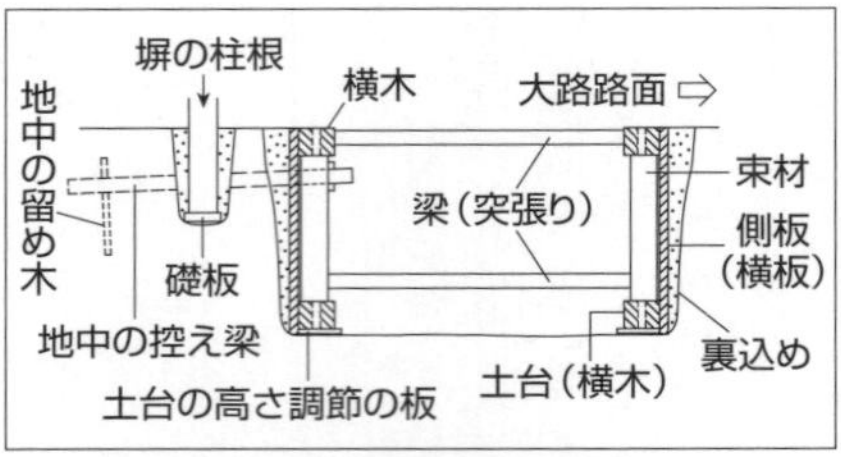

●──若宮大路側溝の木組み構造（河野眞知郎『中世都市鎌倉』による）

▼**掘立柱建物**　地面に掘った柱穴に、柱を立てて建設する建物。比較的短期間に建て替えられ、一般庶民や武士の家人の住居として用いられることが多かったと考えられる。一方、寺院や大規模な武家屋敷は、礎石《そせき》の上に柱を載せて建設される。

は、発掘調査などから河川や湿地状の窪地が占めていたと考えられ、段葛が下ノ下馬以南まで延伸していた可能性は低い。そうなると、中世の段葛は、八幡宮社頭から下ノ下馬付近まで設けられていたと推定すべきであろう。二ノ鳥居から下ノ下馬までの部分は、明治時代に官有地に編入され横須賀《よこすか》線の鉄道敷設工事によって失われた。また、現在のように梅・桜・つつじが植えられ、両側面に玉石を積んだのも、明治以降のことである。

若宮大路の北部では、大路両側において相当数の発掘調査が行われており、鎌倉時代の大路の状況が明らかになってきた。それによれば、道幅は現行の道路幅よりも広い三三・六メートルあり、東西両側にそれぞれ幅三メートル・深さ一・五メートルの側溝が設けられていたのである。側溝は箱堀状で、木組み構造によってくずれないように配慮されていたことも判明した。

側溝のさらに外側からは築地《ついじ》塀もしくは板塀の跡が検出されており、両側にならぶ武家屋敷のものと想定される。若宮大路北部の両側には将軍御所や北条氏などの有力御家人の屋敷が存在していた。しかし、発掘の結果、大路沿いの部分ではあまり立派な建物がみられず、小規模な掘立柱《ほったてばしら》建物▲や、職人の作業

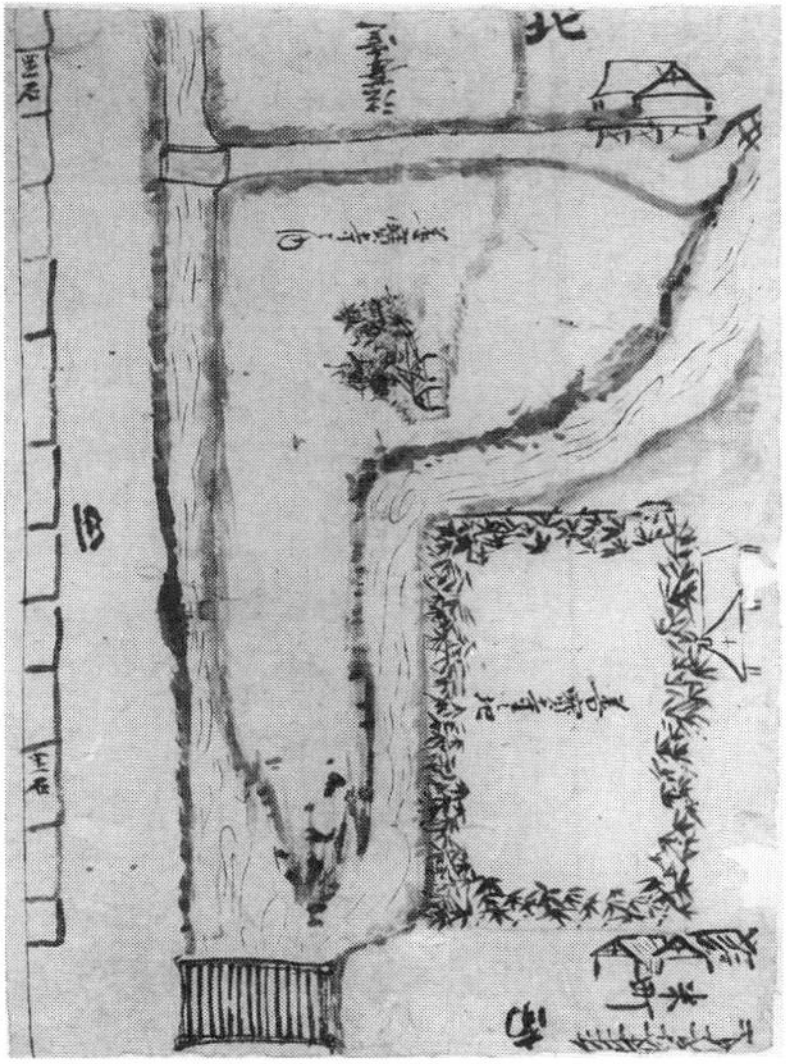

●──『善宝寺寺地図』

●──鶴岡八幡宮大塔(1860年代，フェリックス＝ベアト撮影)

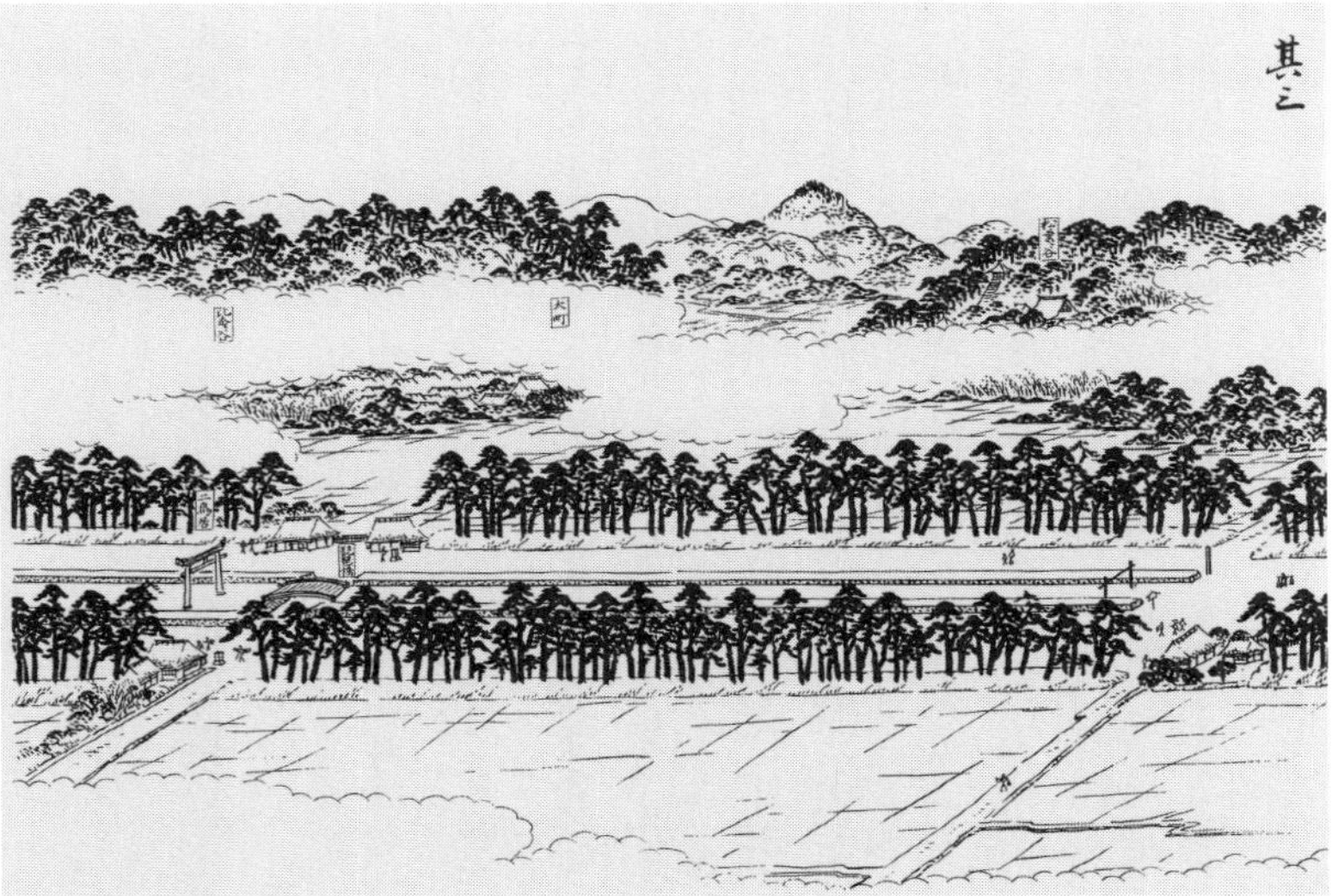

●──若宮大路(『相中留恩記略』)　二ノ鳥居(左)から下ノ下馬(右)へ。

●—北条時房・顕時邸跡出土の若宮大路側溝の板

▼和田合戦　一二一三(建保《けんぽう》元)年、北条氏の台頭に反発する侍所別当の和田義盛《よしもり》が、横山《よこやま》・土屋《つちや》・山内《やまのうち》などの相模・武蔵《むさし》の御家人とくんで起こした合戦。執権北条義時《よしとき》は将軍実朝を前面に押し立て、乱を鎮圧した。

場、ゴミ捨て場などの遺構が確認されており、屋敷の裏手にあたっていたようである。若宮大路は八幡宮参詣のための神聖なる道であるため、武家屋敷は基本的に大路に背を向けてつくられ、大路側には表門を開いていなかったと考えられている。

ただし、例外もある。大路東側に位置した若宮大路御所から将軍が八幡宮に出向く際、「西門」から若宮大路に出て北へ進んでいることが知られる。この西門は、当然若宮大路に面して開いていたはずである。また、大路北端の西側、「北条時房《ときふさ》・顕時《あきとき》邸」と通称される場所からは、大路に直交する東西方向の路地と、路地が大路側溝を渡るための幅一・四メートルほどの橋の跡が発掘されている。同様に大路側溝を渡るための橋が、大路を挟んだ向かい側の北条氏小町邸跡でも確認されている。大路北端の有力者の屋敷周辺では、下馬以外の場所から直接若宮大路へ入ることもできたのである。

しかしながら、大規模な通行という点では、やはり若宮大路への出入りは下馬に限定されていたと思われ、和田合戦《わだかっせん》▲や名越光時《みつとき》の乱▲の際には中ノ下馬橋の防備が固められている。直交路が少なく、側溝と屋敷の塀で囲われた若宮大路は、いわば鎌倉の中心を貫く空白地帯のようなものであり、火災の延焼をくいとめたり、戦闘の際には防衛線となったりする存在であった。また、若宮大路が都市鎌倉の構造を決定する基本軸でありながら、一般的な交通ルートではなかったことも指摘されている。結局、若宮大路は鶴岡八幡宮の参詣道としての性格を強く示した、宗教的・儀礼的道路であったといえよう。

▼**名越光時の乱**　一二四六(寛《かん》元《げん》四)年、前将軍九条頼経を擁して執権時頼を打倒しようとした名越光時の一派が、謀反《むほん》の嫌疑で一掃された政変。光時は伊豆《いず》に配流《はいる》、弟光幸《みつゆき》は自殺、頼経も京都へ送還された。

③名越――鎌倉の浜・谷・山

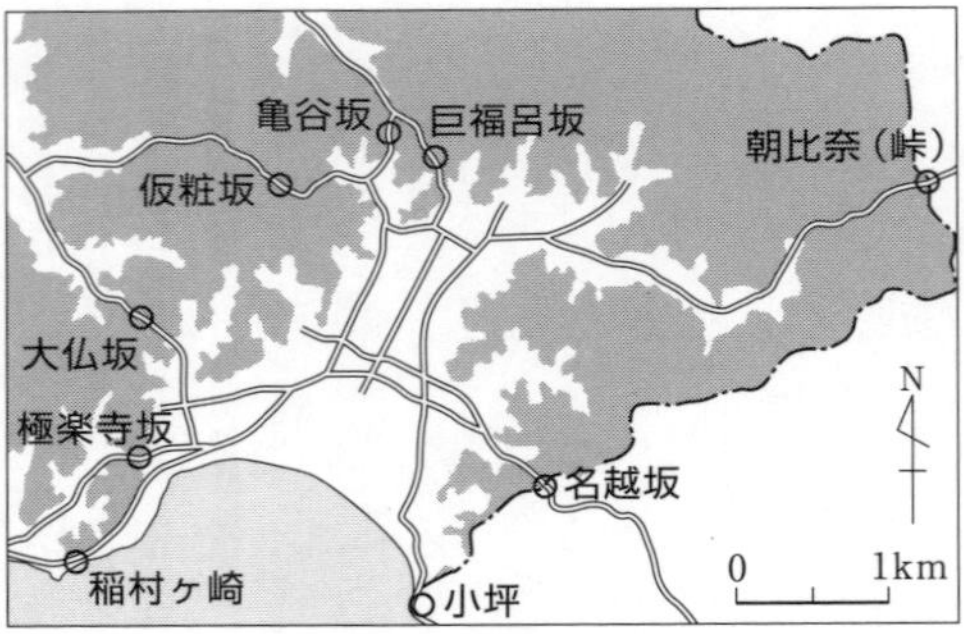

●鎌倉の出入口（別冊歴史読本『鎌倉と北条氏』による）

名越の地形的な特徴と北条氏の館

これまではどちらかというと鎌倉の中心部についてみてきたが、目を周縁部に転じてみたい。東南方向の周縁地域、現行地名の「大町《おおまち》」や「材木座《ざいもくざ》」のうち東側の地域は、中世には「名越《なごえ》」と呼ばれていた。名越は鎌倉の東南の出入口にあたっており、古代から旧東海道《とうかいどう》と思われるルートが、名越の坂を越えて沼浜《ぬはま》（逗子《ずし》市）へと通じていた。

そもそも鎌倉は、南一方が海に面し、残る三方は低いながらも急峻な山で囲い込まれるような地形の都市である。陸路で鎌倉へ入るためには、坂を越えて道をとおさねばならなかった。そのため、山の尾根を掘りわって横断する「切《きり》通《とお》し」がつくられて、鎌倉への出入口となった。そのうちの主要な七カ所が、江戸時代には俗に「七口《ななくち》」と総称されている。具体的には、東南から順に、名越坂・朝比奈《あさひな》・巨福呂《こぶくろ》（小袋）坂・亀谷《かめがやつ》坂・仮粧《けわい》（化粧）坂・大仏《だいぶつ》坂・極楽寺《ごくらくじ》坂の各切通しである。

●北条氏略系図

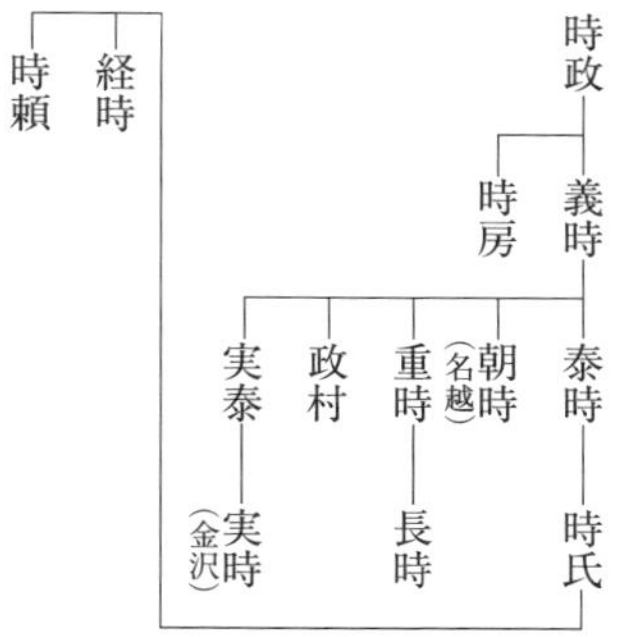

名越坂切通しも、山に設けられた七口の一つであり、まさに三浦《みうら》半島から房《ぼう》総《そう》へとつながる交通の要地であった。その名越の山の裾野には、「谷《やつ》《やと》」と呼ばれる比較的小規模な谷が複雑にいりくんでおり、南方の谷はごくわずかな平坦地をへて浜へとつながっている。したがって、名越という地域は、山と谷と浜とがほぼ一体となって形成された地域といえる。

交通の要地という性格のため、鎌倉に入った北条《ほうじょう》氏が最初に拠点をおいたのが、ほかならぬこの名越の地であった。まず、北条時政《ときまさ》が名越に邸宅を構えるが、その邸宅は北条政子《まさこ》の御産所としても利用され、「浜御所《はまのごしょ》」とも称されている。つぎに、嫡子義時《よしとき》は、大倉《おおくら》や小町《こまち》に邸宅をもつが、名越邸も相続したと思われ、義時の「名越山辺」の「山庄《さんしょう》」(山荘)が知られる。

続いて、義時の最愛の子といわれる朝時《ともとき》に名越の邸宅が譲られ、以後朝時の子孫は「名越氏」を名乗ることになる。なお、義時とその子の代には、名越のほかの鎌倉の出入口付近はすべて北条氏によって固められるようになる。たとえば、巨福呂坂の外側の山内荘《やまのうちのしょう》は義時の代に北条氏領となり、子の泰時《やすとき》の別邸が構えられている。また、極楽寺坂には重時《しげとき》の別邸、仮粧坂・大仏坂の外側の常盤《ときわ》には政村《まさむら》の別邸がそれぞれおかれ、朝比奈を越えた先の六浦荘《むつらそう》は実泰《さねやす》の所領となっていた。

さて、名越に話を戻すと、朝時子息で名越氏嫡流を継承した時章《ときあき》の「名越亭」が存在しており、朝時の名越邸を相伝したものと考えられる。時章の子公時《きみとき》の「名越亭」も、同一の邸宅と思われる。時政から続く北条氏の名越邸の正確な場所については、明らかにはなっていない。名越北方の釈迦堂《しゃかどう》切通し脇の谷に、時政邸跡と伝えられる屋敷跡があるが、確証はない。ただし、ここに一つの興味深い史料がある。すなわち、名越時章の「名越山庄」が「新善光寺《しんぜんこうじ》辺」に存在したというもの（『吾妻鏡《あずまかがみ》』）である。名越新善光寺は、のちにふれるように、名越南方の浜近くの谷である弁ヶ谷《べんがやつ》に存在したといわれているのである。

名越邸が「浜御所」と呼ばれると同時に「山庄」とも表現されていることを考えあわせると、浜に近いだけでなく山裾にも位置している弁ヶ谷は、北条氏の名越邸の存在場所としてふさわしい場所と思われる。さらに、主要交通路である旧東海道や交通の要地である名越坂切通しに近い地点であることも、有力な状況証拠となろう。したがって、名越邸が弁ヶ谷付近にあった可能性はかなり高

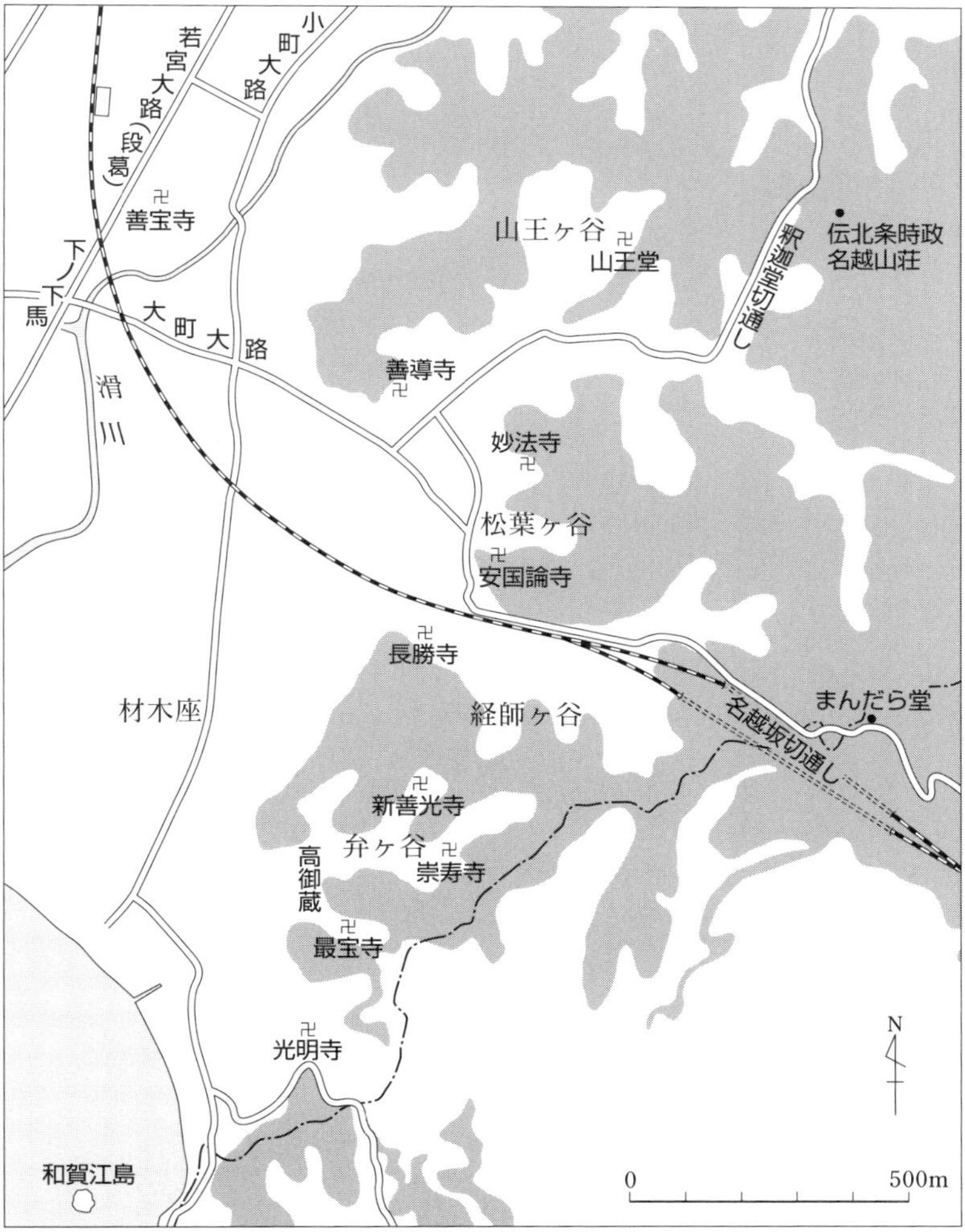
若宮大路（段葛）
小町大路
善宝寺
下ノ下馬
大町大路
滑川
山王ヶ谷
山王堂
釈迦堂切通し
伝北条時政
名越山荘
善導寺
妙法寺
松葉ヶ谷
安国論寺
長勝寺
経師ヶ谷
材木座
まんだら堂
名越坂切通し
新善光寺
弁ヶ谷
崇寿寺
高御蔵
最宝寺
光明寺
和賀江島
N
0
500m

●—名越付近図

●名越氏略系図

朝時─┬光時
　　　├時章─公時
　　　├時長─長頼─宗長─┬夏時─朝宗
　　　│　　　　　　　　　└実助
　　　└時幸

い。

時政以来の名越邸とは別に、時章の弟時幸《ときゆき》の宿所や、時章の甥長頼《おいながより》の邸宅が名越に存在しており、名越の地が名越氏一門の本拠地となっていたことがうかがわれる。また、名越氏ではないが、北条重時の子塩田義政《しおだよしまさ》の「名越亭」があったことや、北条政村の孫重村《しげむら》が名越の経師ヶ谷《きょうじがやつ》に住んでいたらしいことなどが知られる。一三一〇(延慶《えんぎょう》三)年六月四日付の文書によれば、金沢実時《かねざわさねとき》の「名越新善光寺下毘沙門堂《びしゃもんどう》入地」が、当時鎌倉に居住していた醍醐寺《だいごじ》僧親玄《しんげん》の西御門《にしみかど》の土地と交換されている(『東寺百合文書《とうじひゃくごうもんじょ》』)。ちなみに、親玄も得宗《とくそう》の護持僧《ごじそう》となって北条氏と関係の深い僧である。これらのことより、名越が北条氏ときわめて関係が深い場であることがわかろう。

名越氏ゆかりの二つの寺院

名越が北条氏とりわけ名越氏と密接な関係をもつ場であったことから、中世の名越には二つの名越氏関連の寺院の存在が確かめられる。

一つは、長福寺《ちょうふくじ》という寺院である。一三三八(暦応《りゃくおう》元)年のものと思われる正《しょう》続院雑掌申状案《ぞくいんざっしょうもうしじょうあん》(『円覚寺文書《えんがくじもんじょ》』)のなかに、「長福寺」は「名越備前禅門《びぜんぜんもん》代々墳墓之地」であって、のちに備前禅門子息の「助法印《すけのほういん》」が管領し、さらに備前禅門孫にあたる「朝宗《ともむね》」へと相伝された、と記されている。名越一門のなかでは朝時の子時長の流れが代々備前守に任じられており、子孫に「朝宗」の名もみえている。よって、名越朝宗の祖父にあたる「備前禅門」は、名越宗長《むねなが》と考えられる。そして、宗長子息で寺門《じもん》▲僧《そう》の実助《じつじょ》が、「関東」の「長福寺」に居住しており(『三井寺灌《みいでらかん》頂脈譜《じょうみゃくふ》』)、「助法印」にあたることになる。

一方、ちょうど名越宗長が活躍していたころ、鶴岡八幡宮別当《つるがおかはちまんぐうべっとう》をつとめるなど関東における寺門僧の中心的存在であった隆弁《りゅうべん》▲という僧が、一二八三(弘安《こうあん》六)年に「関東長福寺」で死去している。

以上のことから、長福寺は宗長が隆弁を開山《かいさん》に招いて創建した、名越時長流の菩提寺《ぼだいじ》と考えられる。長福寺は廃寺となってその所在地は伝わらないが、一三四五(貞和《じょうわ》元)年の足利直義書下《あしかがただよしかきくだし》(『円覚寺文書』)に「名越長福寺」とあることから、名越に存在したことはまちがいない。さきに述べたように、時長の子長頼の邸宅が名越にあり、おそらくは時長流の邸宅に隣接して代々の墳墓と菩提寺長福

▼**寺門**　天台宗《てんだいしゅう》の一派で、近江《おうみ》園城寺《おんじょうじ》(三井寺)の門流をさす。比叡山延暦寺の門流を山門《さんもん》と呼ぶのに対しての呼称。

▼**隆弁**　一二〇八〜八三年。鎌倉時代後期の天台宗寺門派の僧。父は四条隆房《しじょうたかふさ》、母は藤原光雅《ふじわらのみつまさ》の女《むすめ》。一二三四(文暦《ぶんりゃく》元)年はじめて鎌倉に下向し、以後幕府と密接な関係をもつ。鶴岡八幡宮別当や園城寺長吏《ちょうり》に任じられる。

寺が設けられていたのであろう。

もう一つの名越氏関連寺院は、新善光寺である。新善光寺が史料上にはじめて登場するのは一二四二(仁治《にんじ》三)年六月のことであり、北条泰時の臨終に際して「新善光寺」の「智導上人《ちどうしょうにん》」が念仏《ねんぶつ》を勧めたという(『鎌倉年代記裏書《ねんだいきうらがき》』)▲。智導は、法然《ほうねん》の弟子証空《しょうくう》▲を祖とする浄土宗《じょうどしゅう》西山派《せいざんは》の僧侶であった。また新善光寺とは、信濃《しなの》の善光寺にならって全国各地にあらたに造営された善光寺信仰の拠点であるが、鎌倉においては名越に存在したのである。現在、神奈川県三浦郡葉山《はやま》町上山口《かみやまぐち》に存する新善光寺が、名越新善光寺が戦国時代に移転したものと伝えられており、かつての寺地は弁ヶ谷の奥であったとの伝承を有する。

信濃善光寺はいわゆる善光寺式阿弥陀三尊《あみださんぞん》を本尊とし、東国《とうごく》の阿弥陀信仰の中心であった。源頼朝《みなもとのよりとも》や北条政子も熱心な信者であり、北条氏などの御家人《ごけにん》も善光寺信仰をもっていた。名越氏もまた例外ではなく、一二四六(寛元《かんげん》四)年三月には、名越朝時の遺言によってその子息らが大檀越《だいだんおつ》(スポンサー)となり、信濃善光寺で盛大な法会《ほうえ》を行っている。

こうした御家人社会の状況もあって、東国での念仏僧(浄土宗)の布教活動に

▼『鎌倉年代記裏書』　『鎌倉年代記』は鎌倉時代末期成立の鎌倉時代についての年表。折り本の形式で、便覧風のもの。該当年の裏に、関連記事がのちに書き込まれており、これを『鎌倉年代記裏書』と呼んでいる。

▼証空　一一七七〜一二四七年。鎌倉前期の僧。父は源親季《ちかすえ》と伝えられる。源通親《みちちか》の養子。善恵房《ぜんねぼう》と号す。法然の弟子となり、京都西山《にしやま》の往生院《おうじょういん》(のちの三鈷寺《さんこじ》)を拠点に活動した。彼の門流は西山派と称され、中世には大きな影響力をもった。

●—証空像

は善光寺信仰がたくみに取り込まれていたと思われる。それを裏づけるように、鎌倉にあって念仏僧と激しく対立した日蓮《にちれん》▲は、「いまの世間で一番不思議なことは、善光寺の阿弥陀如来《にょらい》が人びとを惑わしていることである」、「釈迦如来の存在が隠れてしまうのは、念仏者や善光寺の阿弥陀如来のせいである」などと、善光寺信仰をしばしば攻撃している。

　智導が属していた西山派も善光寺信仰を積極的に取り入れていたようであり、西山派の祖師伝《そしでん》には、一三一二(正和《しょうわ》元)年に鎌倉聖福寺《しょうふくじ》の鎮守新熊野社《ちんじゅいまくまのしゃ》の良善《りょうぜん》という山伏《やまぶし》が善光寺に参詣したときに、阿弥陀如来から直々に浄土の教えを授かるという奇瑞《きずい》があり、その内容が証空の説くところとまったく同じであったという伝承が語られている(『西山上人縁起《えんぎ》▲』)。聖福寺は北条時頼《ときより》の創建した寺院であり、右の話の背景には、鎌倉における善光寺信仰の根強さと北条氏の関与が見え隠れしているようである。

　また、証空自身が善光寺を訪れた可能性があり、西山派の聖入《しょうにゅう》という僧が信州《しんしゅう》善光寺を活動拠点にしていたことからも、西山派と善光寺信仰は密接なつながりをもっていたといえる。

▼**日蓮**　一二二二〜八二年。鎌倉時代中・後期の僧。安房《あわ》清澄《せいちょう》寺《じ》で天台を学んだのち、比叡山で修学、清澄寺に戻って、『法華経』のみによるべきことを標榜した。他教団・幕府との衝突により伊《い》豆《ず》・佐渡《さど》へ流罪となるが、その都度赦免された。日蓮宗の開祖。

●**日蓮像**

▼**『西山上人縁起』**　室町時代成立の絵巻物《えまきもの》。詞書《ことばがき》は仁空実導《にんくうじつどう》の著。『善恵上人絵』とも。証空の事績と三鈷寺の歴史、三鈷寺第八世示導《じどう》康空《こうくう》の事績を記す。全六巻。

以上のことから、名越新善光寺は浄土宗西山派の寺院として創建されたとみなされるが、創建者は一体誰であったろうか。名越に本拠を構え、善光寺信仰をもつ有力者として、名越氏の名をあげることができよう。また、一二七七(建治《けんじ》三)年の日蓮の書状には、「名越の一門が善光寺・長楽寺《ちょうらくじ》・大仏殿を建てたおかげでどのようなひどい目にあったかを見よ」との一節があり、この善光寺は名越新善光寺のことと考えられている。実は名越氏と西山派のあいだにも人的なつながりがあり、一族出身の宗観《しゅうかん》という西山派僧が、鎌倉極楽寺で活動していたのである。律宗《りっしゅう》の拠点として著名な極楽寺も、当初は浄土宗寺院として出発したのであった。名越氏の善光寺信仰と浄土宗西山派が結びついた結果、名越に新善光寺が誕生したのではなかろうか。

浜と名越に集う人びと

新善光寺が名越に建てられたのは、名越氏の本拠地であるということが一つの理由であろうが、そのほかにも要因があったと思われる。名越という場所が、名越氏のような上層階級の有力者だけでなく、中下層のさまざまな人びとが集

●大型の方形竪穴建築址の出土事例と模式図（河野眞知郎『中世都市鎌倉』より）

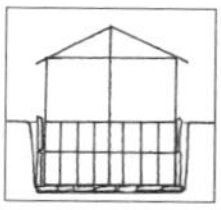

▼方形竪穴建築址　正方形または長方形に穴を掘り下げて構築した半地下式の建築の跡。建物の規模は大小さまざまである。

まる場所であったことが、布教活動を行う浄土宗西山派の側からは見逃せない点であった。

新善光寺の所在地と推測される弁ヶ谷は、直接浜へと連続している場所である。名越南方の浜は、鎌倉の代表的な港湾施設である和賀江津《わかえのつ》・飯島《いいじま》に隣接する海岸地帯であり、「材木座」の地名が残ることからもわかるように、商業・交易の場であった。そして、浜には「浜高御倉《はまのたかみくら》」と呼ばれる幕府直轄領からの年貢《ねんぐ》を収納する高床《たかゆか》式の倉庫群が存在していた。弁ヶ谷には「高御倉」という地名が残り、室町《むろまち》時代の文書に「鎌倉弁谷高御蔵」と記されている（『最宝寺《さいほうじ》文書』）ことから、浜高御倉が名越弁ヶ谷にあったことがわかる。名越から浜にかけては多くの倉が建ちならび、海から陸揚げした物資が一時的に保管され、荷車《にぐるま》などによって市街へ運び込まれていたものと推測される。

名越近くの浜ではなく由比ヶ浜《ゆいがはま》の事例であるが、浜一帯から「方形竪穴建築《ほうけいたてあなけんちく》址《し》▲」と呼ばれる半地下式遺構が大量に検出されており、地下倉庫との見方が有力である。同じく由比ヶ浜においては、鋳造や獣骨の加工などの生産活動が行われ、墓地が営まれていたことがわかっている。名越南方の浜周辺でもおそらく、同様の状況であったと思われる。

山寄りの名越坂周辺はどのような様相を示していたであろうか。名越坂は鎌倉の出入口であり、都市の周縁部であったため、墓地が広がり、下層民や流民のたまり場となっていたのである。鎌倉の西の周縁部、極楽寺坂の付近もまた同様であった。

これらのことから、名越には、漁師、港湾労働者、商人、運送業者、職人、葬送にかかわる人びと、下層民など実にさまざまな民衆が集まり、往来していたことが想像される。京都や奈良と異なって旧来からの大寺院との摩擦が相対的に生じにくい鎌倉では、こうした民衆をターゲットとして、いわゆる鎌倉新仏教と呼ばれる諸宗派が盛んに布教活動を行っていたのである。名越は、まさに新仏教諸派が信者獲得をめざして競合する激戦区だったのである。

●——良忠像

競いあう仏教諸宗派

はじめに名越で勢力をもったのは浄土宗、とりわけ西山派であった。その代表が新善光寺であるが、そのほかにも鎌倉末期ごろに西山派の仏観《ぶつかん》という僧が名越弁ヶ谷を拠点にして活動したという事例がある(『西山上人縁起』)。仏観の居所が新善光寺そのものであったかどうかはわからないが、弁ヶ谷が西山派の拠点であったことは確かであろう。また、弁ヶ谷に隣接する港地区飯島にも、鎌倉末期には西山派の浄観《じょうかん》という僧が住む「浄土堂」という仏堂が存在していたことがわかっている。

浄土宗の別流派である鎮西派《ちんぜいは》▲は、鎌倉中期に良忠《りょうちゅう》▲が鎌倉へ入って以降、勢力を伸ばすようになる。この良忠の弟子である尊観《そんかん》という僧は、鎌倉後期に名越に善導寺《ぜんどうじ》を開いて活動し、尊観の門流は「名越派」と称されるようになった。現在名越北方の大町大路《おおまちおおじ》沿いに存在する浄土宗安養院《あんよういん》は、鎌倉幕府《ばくふ》滅亡後、善導寺が廃絶した跡に移転したと伝えられている。さらに室町時代には、弁ヶ谷の南、和賀江津の背後に関東鎮西派の一大拠点として光明寺《こうみょうじ》が開かれ、現在にいたっている。

同じ浄土系教団である親鸞《しんらん》▲の一派(真宗《しんしゅう》)も、名越に拠点を構えていた。現在は横須賀《よこすか》市野比《のび》に存在している最宝寺は、鎌倉末期に活躍した明光《めいこう》という僧の開山で、かつては弁ヶ谷にあったとの寺伝をもつ。また、現在三浦市白石町に

▼**鎮西派**　法然の弟子聖光房《しょうこうぼう》弁長《べんちょう》を祖とする流派。現在の「浄土宗」はこの流派に相当する。弁長が鎮西(九州)を拠点として布教したことから鎮西派と称された。室町時代以降、京都にも本格的に進出し勢力を伸張させた。

▼**良忠**　一一九九〜一二八七年。鎌倉時代中・後期の浄土宗の僧。鎮西派弁長の弟子。然阿《ねんあ》と号す。関東に赴いて千葉氏の帰依のもと布教するが、一二五九(正元《しょうげん》元)年ごろ下総《しもうさ》から鎌倉へ入った。記主《きしゅ》禅師《ぜんじ》と称される。

▼**親鸞**　一一七三〜一二六二年。鎌倉時代中期の浄土僧。父は日野《ひの》有範《ありのり》。法然の弟子。一二〇七(承元《じょうげん》元)年に念仏弾圧により越後《えちご》に配流《はいる》、赦免ののちは関東で布教活動を行い、やがて帰京した。浄土真宗の開祖。

▼諸行本願義派　法然の弟子覚《かく》明房長西《みょうぼうちょうせい》を祖とする流派。長西が京都九品寺《くほんじ》を拠点としたことから、九品寺義とも呼ばれる。念仏以外の諸行も阿弥陀如来の本願であり、往生が可能であると説いた。

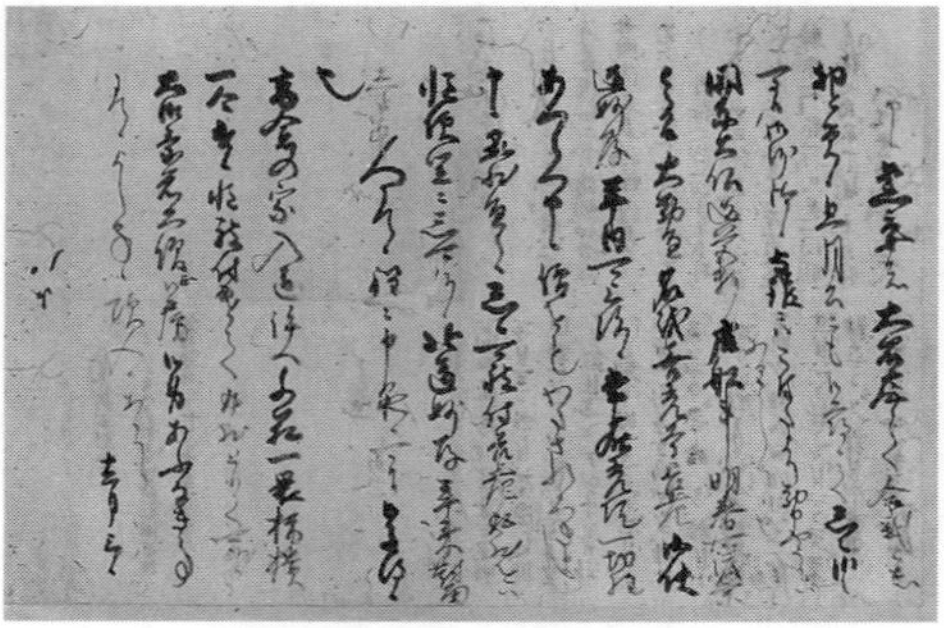

●—「名越善光寺長老」について記す金沢貞顕書状(『金沢文庫文書』)

ある最福寺《さいふくじ》も、親鸞の弟子によって弁ヶ谷に創建され、戦国時代に現在地に移転したと伝えられている。

さて、鎌倉中期には新善光寺別当は道教房念空《どうきょうぼうねんくう》という僧がつとめており、彼は西山派ではなく諸行本願義派《しょぎょうほんがんぎは》▲に属していた。道教は「念仏者主領」と称されており、鎌倉浄土宗の中心人物であったと目されるが、一二六二(弘長《こうちょう》二)年に鎌倉へ下向していた律僧叡尊《えいそん》の弟子となり、以後新善光寺は律宗寺院となるのである。一三二九(元徳《げんとく》元)年のものと思われる金沢貞顕《さだあき》書状(『金沢文庫文書』)によれば、大仏修繕の資金調達のために中国へ派遣する船の責任者が、「名越善光寺長老」であったことが知られる。名越新善光寺と水上交通の担い手との密接な関係をうかがわせる史料である。

念空や良忠が浄土宗の中心人物として活躍していたちょうど同じころ、鎌倉において、法華経《ほけきょう》の教えを第一に掲げて布教活動を行い、彼らと厳しく対立していたのが日蓮宗の宗祖となる日蓮である。日蓮は、鎌倉においては名越に本拠を構えていたのである。だが、その場所の詳細については定かではなく、名越坂手前の妙法寺《みょうほうじ》、安国論寺《あんこくろんじ》、長勝寺《ちょうしょうじ》が、それぞれ日蓮の名越草庵の跡と伝えている。日蓮の高弟日昭《にっしょう》は、浜の法華寺《ほっけじ》を拠点とし、その門流は浜門流と称された。寺伝によれば、法華寺は戦国時代には高御倉すなわち弁ヶ谷に移転し、その後さらに移転を繰り返して、現在は静岡県三島《みしま》市の妙法華寺《みょうほっけじ》として存続している。

日蓮とその弟子たちは、名越から浜にかけてを活動の場として、そこに集う一般民衆・下層民を布教対象としていたと考えられる。そして、布教対象が重なるために、日蓮と浄土宗との対立は深刻なものとならざるをえなかったのである。

浄土宗の人びととならんで日蓮が激しく批判したのが、鎌倉の西の出入口にある極楽寺を拠点とした、律宗の忍性《にんしょう》▲である。さきにふれたように、一二六二年、西大寺《さいだいじ》律宗教団の祖である叡尊▲が鎌倉を訪れた。この出来事が鎌倉の仏教界にあたえた影響はきわめて大きく、これを機に律宗に帰依《きえ》する者が急増したのである。浄土宗の中心であった念空もまた、その一人であった。叡尊の弟子忍性は、名越と同様に周縁部としての性格をもつ極楽寺周辺で盛んに活動し、日蓮が布教対象とした庶民・下層民に影響をあたえたため、日蓮と対立したと

▼忍性　一二一七～一三〇三年。鎌倉時代中・後期の律僧。良観房《りょうかんぼう》と号す。西大寺叡尊の弟子。関東に下向《げこう》して常陸三村寺《ひたちみむらでら》に住したのち、一二六二(弘長二)年に鎌倉へ移る。極楽寺を拠点に戒律を広める一方で、病者救済などの社会福祉事業を推進した。

▼叡尊　一二〇一～九〇年。鎌倉時代前・中期の律僧。思円房《しえんぼう》と号す。醍醐寺などで真言を学び、のちに奈良西大寺を拠点として戒《かい》律《りつ》復興につとめた。一二六二(弘長二)年に北条時頼の招きで鎌倉を訪れ、多くの人びとにに影響をあたえた。

考えられている。

名越新善光寺が律宗化したことはすでに述べたが、それ以前にも名越には律宗の拠点が存在していた。源俊《げんしゅん》という僧によって開かれた東栄寺《とうようじ》という律寺《りつじ》が、名越に存在していたのである。

そのほか、名越弁ヶ谷には、北条高時《たかとき》が南山士雲《なんざんしうん》▲という僧を招いて創建した、崇寿寺《すうじゅじ》という禅寺《ぜんでら》(近世には廃絶)も存在していた。高時が寄進した鐘《かね》の銘には、「鎌倉の巽、弁谷霊区」という語句があり(『新編《しんぺん》相模国風土記稿《さがみのくにふどきこう》』)、弁ヶ谷周辺が宗教的空間でもあったことを示している。

以上のように、名越から浜にかけては、さまざまな民衆が行きかい、彼らを布教対象にした諸宗派のいりまじる信仰の場であったのである。

「やぐら」と葬送の場

今度は名越の山沿いのようすをもう少し詳しくみてみよう。名越坂の北上方には、「まんだら堂」という小字《こあざ》が残り、豊臣秀吉《とよとみひでよし》時代の検地帳《けんちちょう》にはその名がみえている。浄土宗では当麻曼荼羅《たいままんだら》▲を重視し布教の手段として曼荼羅の絵解きを

▼**南山士雲**　一二五四〜一三三五年。鎌倉時代後期の禅僧。円爾《えんに》の弟子で、京都東福寺《とうふくじ》の住持《じゅうじ》をつとめる。その後鎌倉円覚寺の住持となり、さらに建長寺《けんちょうじ》住持もつとめた。北条貞時《さだとき》・高時の帰依が厚かった。

▼**当麻曼荼羅**　奈良当麻寺《たいまでら》にある浄土曼荼羅の一種。各地に多くの転写が存する。『観無量寿経《かんむりょうじゅきょう》』の説く極楽浄土の様相を中心とする。法然が重視した善導《ぜんどう》著『観経疏《かんぎょうそ》』に基づいているとされ、法然門下の浄土教団によって重視された。

盛んに行っており、日蓮宗でも「南無妙法蓮華経《なむみょうほうれんげきょう》」の題目《だいもく》などを記した曼荼羅本尊を信仰の対象としている。したがって、まんだら堂という地名は、かつて名越が浄土宗・日蓮宗などを中心とした宗教活動の盛んな場所であったという記憶を伝えているものといえよう。

　このまんだら堂付近の山の壁面には、一〇〇近い数の「やぐら」と呼ばれる死者供養《くよう》の岩窟《がんくつ》が掘られ、やぐらの前面の山稜《さんりょう》を切りくずした平場には、中世の墓地が存在している。やぐらは、中世の鎌倉で特徴的にみられる遺構で、山際の岩壁に掘られた横穴式の施設である。内部には石塔《せきとう》や板碑《いたび》▲などの死者供養のための品が納入され、火葬骨が安置されて墓所となることもある。鎌倉でやぐらが発達した理由については、禅宗や律宗とともに流入した中国宋《そう》の文化の影響が指摘されている。また、鎌倉において早くから岩窟が宗教施設として機能していたことは、雪ノ下《ゆきのした》の窟堂《いわやどう》が頼朝の鎌倉入り以前から存在していたことからも明らかであろう。

　やぐらは、武士の館《やかた》や寺院の存在した谷の奥に設けられることが多く、武士や僧侶の供養施設と考えられている。そうした谷奥のやぐらの一例が、新善光

▼**板碑**　鎌倉時代後期に発生した板状の石材を使う卒塔婆《そとば》の一種。仏をあらわす梵字や仏の画像、忌日、造立趣旨などをきざみこんで安置した。関東では、秩父《ちちぶ》の緑泥《りょくでい》片岩《へんがん》を用いたいわゆる武蔵型板碑が大量に作成された。

●—新善光寺跡出土写経石　写経石は大量の小石に経典《きょうてん》を書写して埋納したもの。法華経などが書写されることが多い。

●—新善光寺跡出土白磁四耳壺

●—鎌倉のやぐら(松谷寺やぐら群)

寺跡内やぐらである。この遺跡は、弁ヶ谷の最奥部に位置し、確証はないものの新善光寺の旧跡といわれている場所に存在している。ここでは写経石《しゃきょういし》がしきつめられた跡や、室町時代の多数の宝篋印塔《ほうきょういんとう》▲、納骨器として使用された鎌倉末期のものと推定される白磁四耳壺《はくじしじこ》▲などが出土している。

また、鎌倉の山上や山腹は、鎌倉末期ごろからは遺体を火葬する場としても利用されており、名越でも名越坂周辺、まんだら堂やぐら群、新善光寺跡内やぐら、長勝寺遺跡、山王堂東谷《さんのうどうひがしやつ》やぐら群などで、火葬址が確認されている。

山岳信仰と山王堂

山沿いの場所は、当然のことながら山岳信仰とも関連する場であった。都市における山岳信仰とは、語義矛盾のようでもあるが、遠く離れた霊山《れいざん》への信仰拠点として、都市内に霊山神が勧請《かんじょう》されることは珍しいことではなく、京都の新熊野《いまくまの》社、新日吉社《いまひえしゃ》などはその代表的なものである。鎌倉においても、極楽寺の熊野社や白山社《はくさんしゃ》、聖福寺新熊野社、明王院《みょうおういん》▲、羽黒社《はぐろしゃ》などが中世に存在しており、佐助《さすけ》にあったという天狗堂《てんぐどう》も山岳信仰と関係があったと思われる。さらに

▼**宝篋印塔**　相輪《そうりん》、四隅に耳飾りをつけた屋根、方形の塔身からなる独特の形の石塔。中国に原型があると思われ、日本では中世になって作成されるようになった。本来は宝篋印陀羅尼《だらに》の経文をおさめる塔であったが、日本ではおもに墓塔・供養塔として造立された。

▼**四耳壺**　肩に四つの耳のような飾りのついた陶磁器の壺《つぼ》。中国から輸入された白磁四耳壺は、高級品としてとりわけ珍重され、平泉《ひらいずみ》・博多・鎌倉などで出土する。酒容器や置物、さらには納骨容器として使用された。

▼**明王院**　大倉(現十二所)に建立された真言寺院で、五大堂《ごだいどう》と称した。一二三五(嘉禎《かてい》元)年に将軍九条頼経の発願により創建。初代別当は鶴岡八幡宮別当をつとめた定豪《じょうごう》であった。頼経のための祈禱《きとう》寺院という性格が強かった。

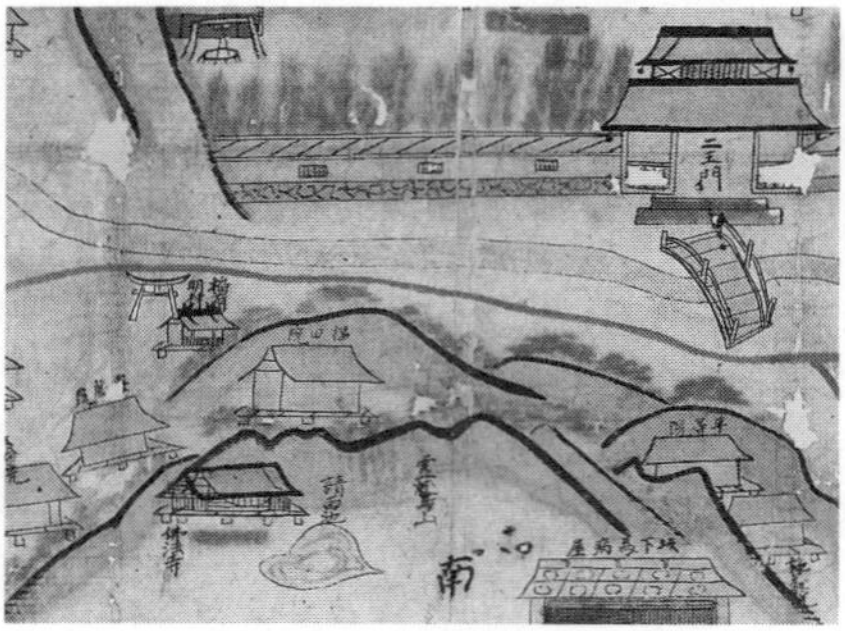

●——絵図にみえる仏法寺(『極楽寺境内絵図』)

▼柿経　大量の細長い木片に、経典を書写して埋納したもの。

極楽寺の南の山は「霊山《りょうぜん》」と称され、近年の発掘調査の結果、中世に存在した極楽寺子院《しいん》の仏法寺《ぶっぽうじ》の跡とみられる建物跡や池が出土している。池跡は、日蓮と忍性が雨乞いを競いあった池であるともいわれており、大量の柿経《こけらきょう》▲が出土している。この霊山も、山岳信仰と結びついた宗教的な空間だったのではなかろうか。

名越においては、鎌倉時代に山王堂《さんのうどう》という堂があったことが知られる。山王権現《ごんげん》は、もともと山岳信仰に基づく神で、比叡山延暦寺《ひえいざんえんりゃくじ》の鎮守《ちんじゅ》としてまつられ、日吉社《ひえしゃ》とも呼ばれた。名越の山王堂が日吉社を勧請したものであることはまちがいないが、創建の事情はまったく不明である。確実な史料としては、一二五二(建長《けんちょう》四)年の火災で名越山王堂前まで延焼した、というものがもっとも古い(『吾妻鏡』)。

山王堂の場所については、名越の北、釈迦堂切通しの西にある山王《さんのう》ケ谷《がやつ》の最奥部と推定されており、同地には山王社といわれる小さな社も残されている。かつてはカギ形の石垣が残っていたといい、瓦片も多く出土するほか、発掘によって室町時代の寺院建築の跡が確認されているが、これがただちに山王堂に結びつくかは定かではない。

名越に居住していたと思われる鎌倉末期の真言僧《しんごんそう》親玄は、一二九四(永仁《えいにん》二)年の日記に、「山王堂別当」の「卿律師《きょうのりっし》」がきた、と記している(『親玄僧正《そうじょう》日記』)。律師という公的な肩書きをもつ僧侶が別当をつとめていることからも、小さなお堂というようなものではなく、祈禱なども行われたそれなりの規模をもつ寺院であったと考えられる。

室町時代成立の『山王霊験記《れいげんき》』▲には、九条頼経《くじょうよりつね》が将軍《しょうぐん》のころ(鎌倉中期)の話として、つぎのような説話を載せる。訴訟のため京から鎌倉へ下向していた女房が、小町《こまち》の入道《にゅうどう》という金融商から借金をして返却できず苦境に陥る。日ごろ日吉社を信仰してきたこの女房は、名越の山王堂に祈願したところ、金融商に神託がくだって借金を帳消しにしてもらうことができた、というものである。日吉(山王)信仰が、京都の世界と密接な関係をもつことをうかがわせるものであるが、同時に金融・流通との関連も想起させる。京において日吉社の神人《じにん》▲が金融・流通面で主導的役割を果たしていたことは有名であり、名越山王堂も鎌倉の金融・流通関係者の信仰を集め、彼らに影響力をもっていた可能性がある。

▼**『山王霊験記』**　日吉社にまつられる山王権現の霊験を示す説話を集成した絵巻物。静岡県日枝《ひえ》神社蔵の鎌倉後期成立の一巻と、久保惣記念美術館蔵(蓮華寺《れんげじ》旧蔵)二巻・延暦寺蔵一巻などの室町時代成立の一連の本とが存する。名越山王堂に関する説話は、室町のものに収録されている。

▼**神人**　中世において、寺社に直属したさまざまな職能民の集団。商売・通行の自由などの面で寺社の保護を受けるかわりに、寺社に対して定められた奉仕を行った。惣官《そうかん》・兄部《このこうべ》・長者《ちょうじゃ》などと呼ばれる者によって統率されていた。

山王堂は山の神であるとともに、きわめて都市的な神でもあったのではなかろうか。

「谷」の世界

名越山王堂が存在した山王ヶ谷には、鎌倉時代には大友氏《おおともし》庶流の詫摩氏《たくまし》の屋敷が存在しており(『詫摩文書』)、世俗と隔離された山中の宗教空間、というわけではけっしてなかった。いままでにみたように、弁ヶ谷に代表される名越の「谷《やつ/やと》」には、寺院が多く存在していた。名越氏などの武家屋敷も、おそらくはゆかりの寺院や先祖代々の墓所と同じ谷のなかに存在したのではないだろうか。

そもそも、都市鎌倉全体は、若宮大路《わかみやおおじ》を中心とする平坦な中核部、中核部を取りまく谷、外縁を形成する浜や山稜の周縁部、という三つのゾーンに分けることができる。とりわけ谷のゾーンにおいては、寺院、武家屋敷、さらには墓地や庶民の住居が、一つの谷のなかに混在するような状況が顕著であった。江戸時代の城下町《じょうかまち》においては、武家地、町人地、寺社地が区分され、基本的には住み分けがなされていたのであるが、それとは対照的な雑居状態が中世都市の

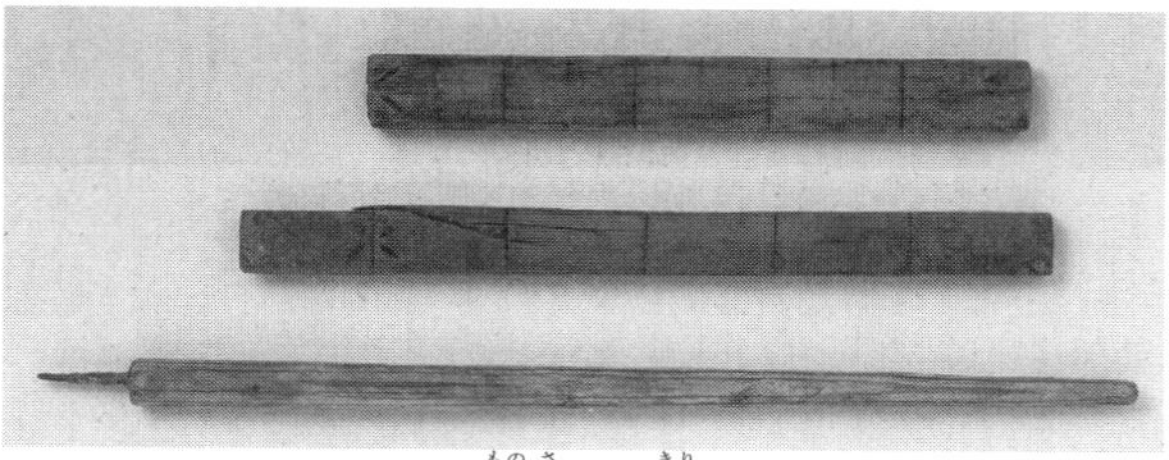

●──佐助ヶ谷遺跡出土の物《もの》指《さ》しと錐《きり》

▼**洛中** 京都の中心部。厳密には平安京《へいあんきょう》の条坊制《じょうぼうせい》が施行された区域内をさし、鴨川《かもがわ》以東などの洛《らく》外《がい》とは明確に区別された。

特徴となっている。ただ、中世京都においても、いわゆる洛中《らくちゅう》▲の部分においては寺社や墓地は大々的には造営されなかった。鎌倉の中核部においてはやはり武家屋敷の存在が卓越しているように思われ、浜などでは庶民の住居や墓地の比重が高い。したがって、鎌倉の「谷」の世界は、中世都市の雑居状態のとくに顕著な事例といえる。

残念ながら名越では、谷における雑居状態を明確には示すことができないので、他の地域の事例をみてみたい。有力御家人安達氏《あだちし》の本邸は、「甘縄《あまなわ》」にあったが、その場所は、源氏山《げんじやま》の南の裾にある無量寺《むりょうじ》ヶ谷《がやつ》付近と考えられる。鎌倉時代の甘縄は、若宮大路西のかなり広い範囲を含む地名であった。無量寺ヶ谷には、安達氏と密接な関係をもつ律宗寺院の無量寿院《むりょうじゅいん》があったと思われる。

本邸とは別に、安達氏の別荘が佐助の松ヶ谷《まつがやつ》にあったのであるが、ここには同じく安達氏関連の律宗寺院である松谷寺《しょうこくじ》が存在していた。また、松ヶ谷の入口にあたる佐助ヶ谷《さすけがやつ》遺跡からは、さまざまな職人の作業場と推定される遺構・遺物が発掘されている。

さらに、近年になって、谷の世界を描いた貴重な史料が紹介された。鶴岡八

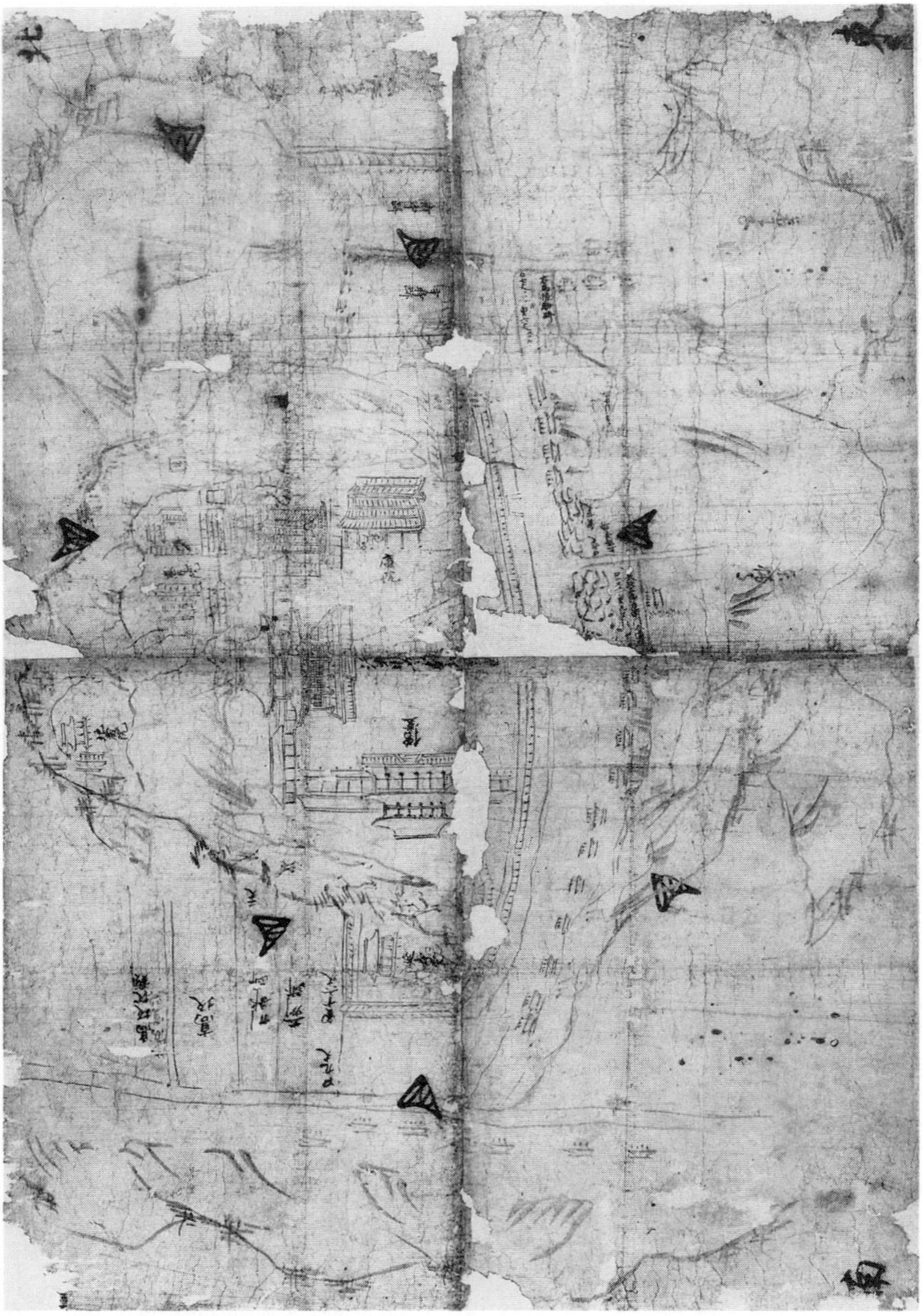

●—『浄光明寺敷地絵図』

幡宮の西に位置する浄光明寺《じょうこうみょうじ》に所蔵される『浄光明寺敷地絵図』が、それである。この絵図は、鎌倉幕府滅亡直後の建武《けんむ》年間（一三三四～三八）に作成されたもので、浄光明寺を中心に、泉ヶ谷《いずみがやつ》という谷のようすが詳しく記されている。浄光明寺は、北条長時《ながとき》を開基とする、律・浄土などの兼学《けんがく》寺院である。絵図をみると、長時の子孫赤橋守時《あかはしもりとき》の屋敷跡が寺の北東に記されている。そのほか、北条高直・北条直俊らの武家屋敷跡がみえ、屋敷地の間口と奥行きの寸法までが記されている点は、たいへん興味深い。そして、寺の門前には、庶民の在《ざい》家《け》▲と思われる建物が描かれ、谷における雑居のありさまが示されている。

ところで、鎌倉のように海と山が近接している地形においては、谷と浜の密接な関係だけでなく、山と浜とが直接につながりをもつこともあった。山や山中の寺社が、港へ入る際の標識の役目を果たすことはよくあることである。和賀江津に対しては背後の山に建立された住吉社がそれにあたり、名越弁ヶ谷の西の山中に存在した三島神社（現在の五所《ごしょ》神社）が、滑川《なめりがわ》▲河口の港の標識として機能していたと考えられている。

さきに取り上げた『山王霊験記』のなかには、山王信仰と海運との結びつきを

▼在家　中世における庶民の生活単位。屋敷と付属耕地のセット。

▼滑川　鎌倉中央部を流れる最大の河川。かつては水量が豊富で、海岸より船でさかのぼることが可能であったようである。青砥藤綱《あおとふじつな》が川に落とした銭《ぜに》一〇文を探すため五〇文の松明《たいまつ》を買ったという有名な伝承がある。

暗示する説話がある。一二六五(文永《ぶんえい》二)年、大隅《おおすみ》国住人帖佐《ちょうさ》信宗《のぶむね》なる者が、鎌倉から船出して遠江《とおとうみ》で難破しかかるが、幼少より信仰する名越山王堂に助けを求めたところ、山王堂別当了仁《りょうにん》とその弟子や猿たちが姿をあらわし、船を沈没から救ったという。名越の山王堂もあるいは、海上からその姿をおがむことができたのかもしれない。少なくとも、海運にかかわる人びとの信仰を集めていたであろうと推測される。鎌倉においては、山の世界と海の世界がきわめて近いものであった。

名越の事例でよくわかるように、鎌倉の山は、都市の外部に位置するものではなく、むしろ葬送・宗教などを通じて都市生活に密着した存在であった。山裾に展開する谷は、寺院や住居・倉庫などが建てられる空間であり、浜へと連続していた。中世の鎌倉では、山・谷・浜が一体となった空間が構成され、都市の中核部を取り囲む構造となっていたといえる。

④—物の流れ、人の流れ

唐物好みの鎌倉びと

若宮大路《わかみやおおじ》の西側、現在の御成《おなり》小学校敷地にある今小路西《いまこうじにし》遺跡からは、鎌倉時代後期の二戸の大規模な武家《ぶけ》屋敷や、門前の家来《けらい》の屋敷、職人居住区、街路などが発掘されている。武家屋敷とその周辺の様相がまるごとわかるという点で、まことに注目すべき遺跡である。屋敷の広大さや建物・庭などの風流で凝ったつくりから、この二つの屋敷の住人は北条氏《ほうじょうし》などの最有力御家人《ごけにん》であったと思われる。

今小路西遺跡の屋敷跡からは、青磁鎬文酒会壺《せいじしのぎもんしゅかいこ》▲や青磁龍文盤《りゅうもんばん》・青磁大花瓶《だいかへい》など、中国(宋《そう》・元《げん》)から輸入された高級陶磁器《とうじき》が大量に出土した。これらは、座敷などにかざられたものと思われ、一種のステータスシンボルであった。今小路西遺跡の北側、有力御家人千葉氏屋敷の跡という伝承をもつ場所にあたる千葉地《ちばち》遺跡▲からは、朝鮮半島で制作された高麗《こうらい》青磁が多数出土している。前にふれた新善光寺《しんぜんこうじ》跡のやぐらで納骨器として使用された白磁四耳壺《はくじしじこ》も、中国(元)

▼**酒会壺**　酒海壺とも書く。中国宋・元の青磁の器形の一つ。口が広く蓋《ふた》のつく壺《つぼ》で、大きさには大・中・小がみられる。鎬文と呼ばれる縦筋模様が蓋と本体にきざまれる。高級品として需要が多く、鎌倉からも多く出土する。

▼**千葉地遺跡**　鎌倉市御成町の字「千葉地」に位置する遺跡。千葉氏の屋敷跡との伝承があるが、発掘からは確認できていない。中世の道路遺構と区画溝、方形竪穴建築址などが検出されている。

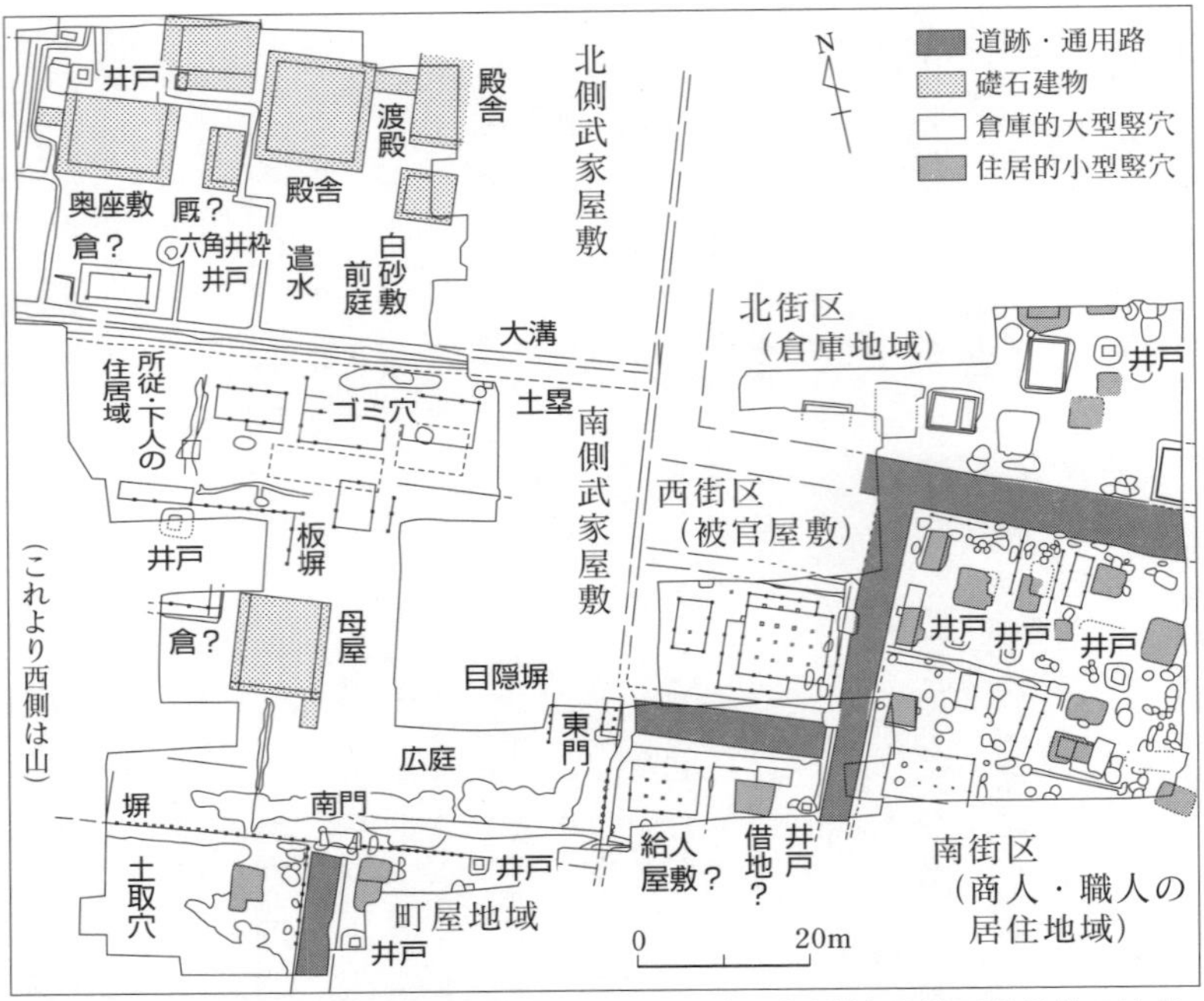

●──今小路西遺跡遺構配置概念図（鎌倉市教育委員会編『今小路西遺跡第５次発掘調査概報』による）

●──今小路西遺跡想像復元図（指導：鈴木亘，イラスト：松本徹）

▼梅瓶　中国宋・元の青白磁の器で、肩が大きく張り、胴にくびれのない大型の徳利《とっくり》。高級陶磁器としてとりわけ鎌倉で好まれた。酒容器や置物として珍重された。

●—今小路西遺跡出土の中国陶磁器

からの輸入品であった。これらのほかにも、白磁四耳壺や青白磁梅瓶《メイピン》▲などの輸入陶磁器は、鎌倉の各所から多数出土しており、鎌倉の武士や僧侶が好む品であったようである。

一方、青磁碗や白磁皿などの中国陶磁器は一般庶民も使用していたようである。鎌倉で出土する陶磁器は国産品より輸入物がはるかに多く、武士に限らず、鎌倉の人びとが広い範囲で輸入陶磁器を受容していたと思われる。鎌倉時代後期には、鎌倉は日元《にちげん》貿易の中心であり、輸入陶磁器の一大消費地となっていたのである。

鎌倉の人びとは、陶磁器に限らず美術品や医薬品、仏像や文房具など、中国からの輸入品を好み、「唐物《からもの》」と称して珍重した。寺院に備えつけられた宋版の一切経《いっさいきょう》も、そうした唐物の一種である。鎌倉末期の金沢貞顕《かねざわさだあき》も唐物を好んだ武士の一人であり、貞顕が六浦荘《むつらのしょう》金沢の称名寺《しょうみょうじ》で唐物を見物したことや、極楽《ごくらく》寺《じ》の唐物の市について貞顕が問いあわせていること、貞顕と懇意である長井《ながい》貞《さだ》秀《ひで》が「唐絵合わせ」のために貞顕所有の唐絵《からえ》を借用していること、などを『金沢文庫文書』によって知ることができる。

▼『徒然草』　鎌倉時代末期成立の随筆集。著者の兼好は、卜部《うらべ》氏の出身、朝廷に仕えたのちに出家し、歌人として活躍している。関東にも赴いたことがあり、そのときの見聞が反映されている。全二巻、二四三段からなり、「唐物」の話は第一二〇段に記されている。

鎌倉末期の文化人で、なにかと鎌倉の風潮に批判的であった兼好《けんこう》は、『徒然《つれづれ》草《ぐさ》』▲において、「唐物は、薬のほかは別になくてもかまわない。困難な航海なのに船いっぱいに不要なものを積んでくるのは、実におろかなことだ」となげいている。鎌倉びとの唐物好みは、京文化を絶対視する兼好には理解を超えたものだったのであろう。

鎌倉時代末期には、貿易の利益を寺社の造営費用にあてるために、元に貿易船が派遣されるようになり、「造営料唐船《ぞうえいりょうとうせん》」と称された。造営対象は鎌倉の寺社が多く、鎌倉郊外の称名寺や極楽寺・建長寺《けんちょうじ》・勝長寿院《しょうちょうじゅいん》・大仏《だいぶつ》などの造営料唐船が知られる。鎌倉後期ごろから幕府は貿易船を統制して貿易を独占しようとしており、右の造営料唐船も幕府もしくは北条氏が派遣の主体となっていたと考えられる。

一九七六(昭和五十一)年に韓国全羅南道新安《ぜんらなんどうしんあん》《チョルラナムドシナン》郡の沖合の海底で発見され、引きあげられた中世の沈没船がある。新安沈没船といわれるもので、鎌倉時代末の日元貿易船であったことがわかっている。この船は、中国で製作された船で、中国の慶元《けいげん》(現在の寧波《ニンポー》)から博多へ向かう途中で難破したものと考えられてい

●──新安沈没船想像復元図（『韓国国立海洋遺物展示館図録』1998年）

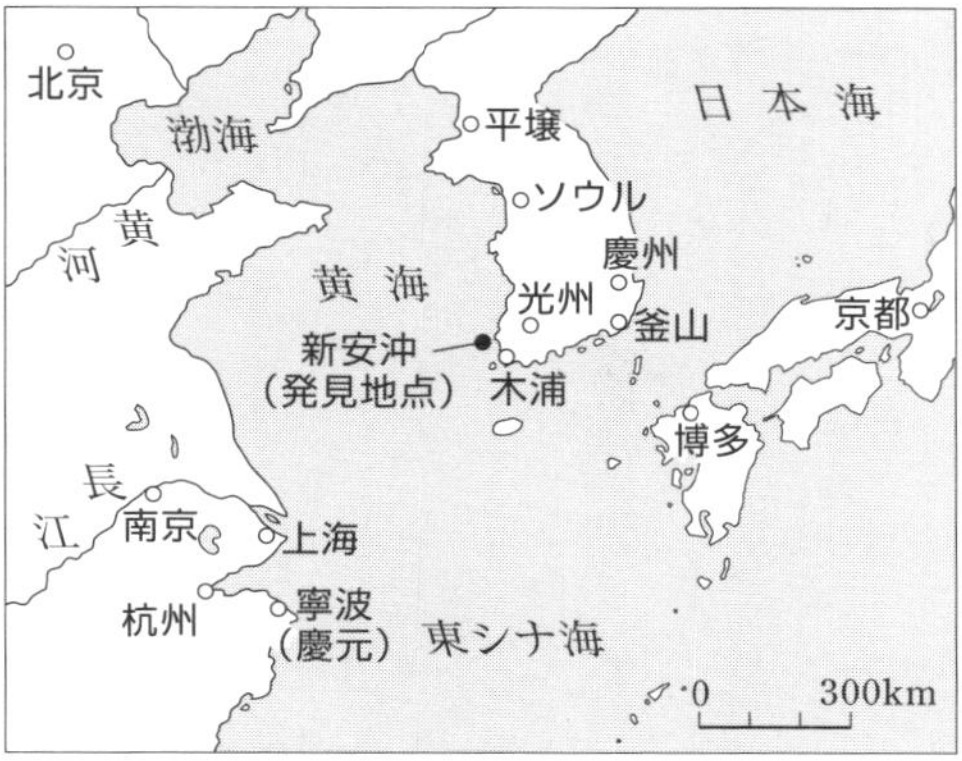

●──新安沈没船の発見地点（佐伯弘次『日本の中世9　モンゴル襲来の衝撃』による）

●──新安沈没船の積み荷（中国陶磁器）

●──新安沈没船海底調査

●―青磁八卦文香炉(新安沈没船)

●―青磁鎬文酒会壺(新安沈没船)

●―青磁算木文香炉(円覚寺黄梅院)

●―青磁鎬文酒会壺(称名寺)

▼東福寺　京都東山《ひがしやま》の禅宗寺院。一二三五(嘉禎元)年に九条道家《みちいえ》が円爾《えんに》を開山に招いて創建。京都五山の一つ。しばしば火災にあうも、その都度再建された。

る。また、船からは大量の積み荷が引きあげられており、荷物につけられていた木簡《もっかん》の分析から、基本的には京都東福寺《とうふくじ》▲再建のための造営料唐船という性格をもっていたことが判明した。

新安沈没船の積み荷は、陶磁器や銅銭《どうせん》がおもなものであり、陶磁器のなかには鎌倉周辺に残る品ときわめて似たものがあった。たとえば、青磁鎬文酒会壺は、金沢称名寺の境内から出土した酒会壺とよく似た品である。また、青磁八卦《はっけ》文香炉《もんこうろ》は、円覚寺《えんがくじ》黄梅院《おうばいいん》所蔵の青磁算木《さんぎ》文香炉と類似している。新安沈没船のような貿易船によって運ばれた品が、博多などを経由して、鎌倉へ大量に流入していたのであろう。

海へ開かれた都市

鎌倉に流入した品物は、もちろん輸入物の「唐物」だけではなかった。奥州《おうしゅう》の砂金《さきん》、渥美《あつみ》・常滑《とこなめ》・瀬戸《せと》など東海地方の陶器、南伊勢《いせ》の土鍋《どなべ》、赤間《あかま》の硯石《すずりいし》、肥《ひ》前西彼杵《ぜんにしそのぎ》の滑石鍋《かっせき》、奄美《あまみ》諸島の夜光貝《やこうがい》など、日本列島各地からさまざまな物資が鎌倉へ運び込まれてきたのである。都市鎌倉への大量の物資流入を可能にし

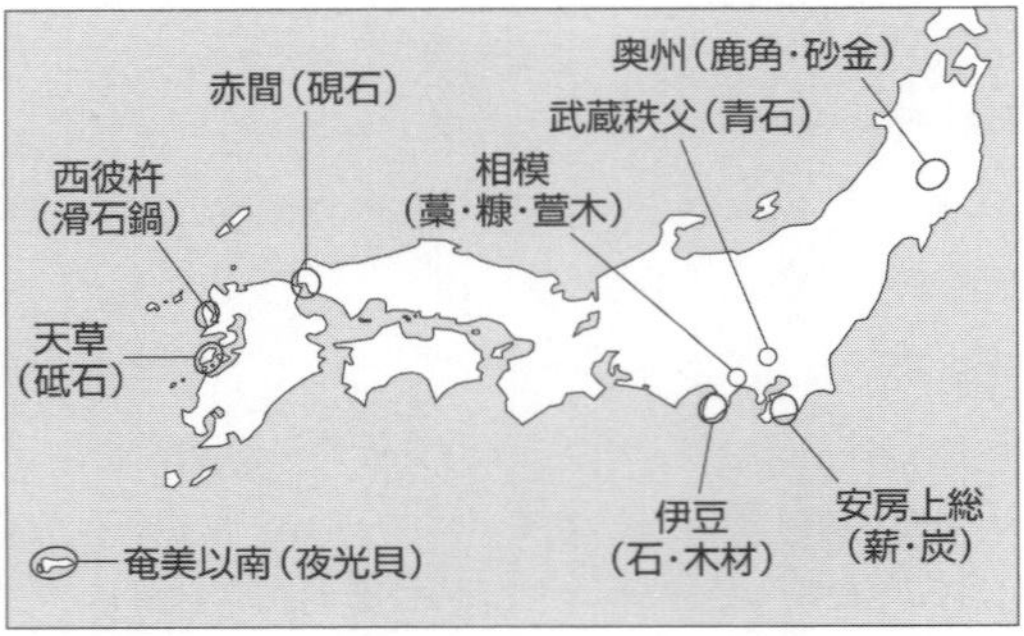

●—鎌倉へ搬入される物資（河野眞知郎『中世都市鎌倉』による）

▼『海道記』　鎌倉中期に成立した京都から鎌倉への紀行文。作者不詳。全一冊。作者は一二二三（貞応《じょうおう》二）年に鎌倉を訪れ、一〇日ほど滞在したのち、京都へ帰っている。

た条件の一つとして、鎌倉が海に面しており、各地からの海上交通のルートが存在したことがあげられる。そうした海上ルートへの出入口となったのが、鎌倉のいくつかの港である。

現在の鎌倉の海岸はなだらかな砂浜が広がり、港も存在しないため、なかなか想像しがたいことであるが、中世には多くの船が着岸していたことは確かである。鎌倉中期の紀行文『海道記《かいどうき》』▲には、「由比ヶ浜《ゆいがはま》には数百艘の船が停泊して、大津《おおつ》の港のようだ」と記されている。「数百」という数字には誇張があるかもしれないが、かなりの数の船舶の存在がうかがわれる。

『吾妻鏡《あずまかがみ》』には、一二六三（弘長《こうちょう》三）年八月十四日に、大風によって由比ヶ浜に着岸していた船一〇艘が破損・水没したこと、同月二十七日にも、大風によって由比ヶ浜の船舶が沈没したことがみえている。二十七日の記事には、同時に九州からの年貢《ねんぐ》を運ぶ船六一艘が伊豆《いず》の海で漂流したことも記されているが、この船も鎌倉に入る予定であったのであろう。

また、これは伝承であるが、一二六一（弘長元）年に日蓮《にちれん》が流罪《るざい》になったときに船出をしたのが、滑川《なめりがわ》旧河口に近い「沼浦《ぬまうら》」という小字《こあざ》の場所であり、それにちなんで建立《こんりゅう》された堂が、現在材木座《ざいもくざ》に存続する日蓮宗妙長寺《みょうちょうじ》の前身であるという。

中世鎌倉の海岸線は、現在よりも内陸側に位置していたと推定されており、とりわけ稲瀬川《いなせがわ》河口付近と滑川河口付近で大きく入りこんでいたと考えられる。なお、滑川は現在よりも東側に河口があったと推定される。稲瀬川河口と旧滑川河口は、ともに港として利用されていた可能性があるが、鎌倉を代表する港としては和賀江津《わかえのつ》が有名である。

和賀江津は、鎌倉の東南の飯島《いいじま》という小さな岬の沖につくられた人工の島で、「和賀江島《わかえのしま》」とも呼ばれた。和賀江津は、一二三二(貞永元《じょうえい》)年に往阿弥陀仏《おうあみだぶつ》という勧進聖《かんじんひじり》が、北条泰時《やすとき》の援助をえて工事を推進したものであり、真鶴《まなづる》や伊豆から運んだ石を積み上げて築いた防波堤兼船着き場のような施設である。往阿弥陀仏は、その名から推測して浄土《じょうど》系の僧侶と思われるが、実は以前に筑前鐘《ちくぜんかねが》崎《さき》において波除けの人工島の建造をなしとげた実績があった。おそらく、北条泰時の都市整備政策の一環として港湾の整備が企画され、しかるべき技術とコネクションをもつ往阿弥陀仏に白羽の矢があたったのであろう。

●──忍性像

●──江戸時代の和賀江島(『相中留恩記略』)

●──現在の和賀江島

和賀江津に近い浜に「材木座」の地名が残っているように、和賀江津には都市の必需品ともいうべき材木も、大量に荷揚げされていたと思われる。一二五三(建長《けんちょう》五)年には「和賀江津材木」の規格寸法を定める法令が、北条氏から出されている。和賀江津の管理が幕府・北条氏によってなされていたことがわかるが、やがて忍性《にんしょう》が活躍するころになると、飯島・和賀江津の維持管理は、忍性が拠点とした極楽寺に一任されるようになった。

極楽寺は、和賀江津の保全につとめるとともに、入港する船から関料《せきりょう》(入港税)を徴収することを認められたのである。さらに、極楽寺は浜一帯における「殺生禁断《せっしょうきんだん》」の励行を担当していたが、これは浜での殺生すなわち漁業活動の許認可権を掌握していたということであり、極楽寺配下の漁師以外は殺生(漁業)を禁止することを意味していたのである。これらの特権は、室町時代になっても引きつづき極楽寺に認められている(『極楽律寺要文録《りつじようぶんろく》』)。

鎌倉の港として、もう一つ忘れてはならないのが、六浦の港▲である。三浦《みうら》半島の東側の付け根にあたる六浦荘は、かつては鎌倉の属する相模国《さがみのくに》ではなく、武蔵国《むさしのくに》に属し、現在も横浜市金沢《かなざわ》区に属している。しかし、天然の良港を備え

▼六浦の港　鎌倉・室町時代に機能した江戸湾の重要な港。現在は失われているが、中世には大きく湾入した入江であり、西国からの大型船や、関東各地からの船が往来した。鎌倉時代に中国からの船(唐船)が到来したとの伝承にちなむ「三艘《さんそう》」という地名が残る。六浦の住人のなかには交易や商業によって財を築いた富裕な人びとも存在した。

た六浦は、鎌倉とは朝比奈《あさひな》峠を越える陸路で結ばれ、鎌倉の外港として重要な位置を占めていた。鎌倉時代に行われた「四角四境祭《しかくしきょうさい》」▲という都市鎌倉の境界の祭祀においては、六浦がその境界地点の一つとなっており、鎌倉の一部と認識されていたことがわかる。

六浦荘はもともと三浦氏の一族が影響力をもっていたようであるが、一二四七(宝治《ほうじ》元)年の宝治合戦で三浦氏が滅亡したのち、北条氏一族の実時《さねとき》がここに拠点をおく。実時は、六浦荘金沢に別邸や称名寺、金沢文庫《かなざわぶんこ》▲などを建て、以後その子孫は金沢氏を称するようになったのである。六浦の港の維持・管理には、金沢氏や称名寺が深くかかわっていたと考えられる。

以上のように鎌倉は複数の港をとおして海の世界へと開かれており、さまざまな物資が海路・陸路のネットワークによって町のなかへと運び込まれていたのである。

海の都市を象徴する浜の大鳥居

「海に開かれた都市鎌倉」を象徴するものが、鶴岡八幡宮《つるがおかはちまんぐう》の「浜の大鳥居《おおとりい》」であ

▼**四角四境祭**　天皇・将軍などの居住空間から鬼を追い払い災いを除く陰陽道《おんみょうどう》の祭祀。鎌倉においては御所の四隅(四角)、六浦・小坪《こつぼ》など市街の四隅(四境)で行われた。

▼**金沢文庫**　金沢実時が十三世紀後半に称名寺に隣接して建設した書物管理施設。称名寺関係の仏教書を中心に、大量の典籍や文書を伝えている。文書は『金沢文庫古文書』として知られる。一九三〇(昭和五)年に神奈川県立金沢文庫として復興されている。なお、現在は「かなざわ」と読むが、中世には「かねざわ」もしくは「かねさわ」と読んだ。

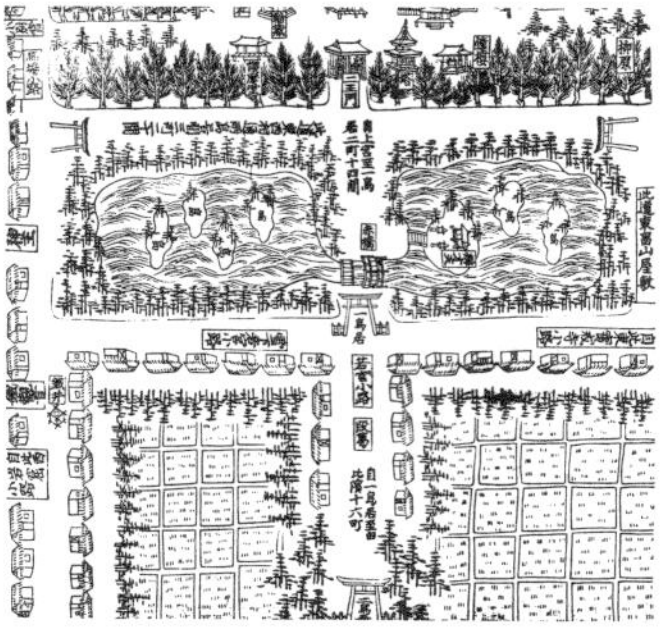

●—江戸時代の若宮大路（『新編鎌倉志』）

▼『鶴岡御造営日記』　戦国時代の北条氏による鶴岡八幡宮修造関係の記録。成立年・著者は不詳。他にみられない古文書の写しなどが収録されている。

った。若宮大路を平安京《へいあんきょう》の朱雀《すざく》大路になぞらえる説があるが、決定的に異なるのは、若宮大路が三つの鳥居をくぐる道であったことである。現在は、神社より遠いほうから順に「一ノ鳥居」「二ノ鳥居」「三ノ鳥居」と呼んでいるが、江戸時代までは神社に近いほうから「一ノ鳥居」「二ノ鳥居」と呼んでおり、一番南に立てられたのが「浜の大鳥居」であった。一一八〇（治承《じしょう》四）年にはじめて建てられて以来、何度も再建され、現在の石製の鳥居（一ノ鳥居）は江戸時代の一六六八（寛文《かんぶん》八）年建立のものである。

一九九一（平成三）年に、若宮大路の西側歩道で、木を組み合わせた直径一・六メートルにおよぶ鳥居の柱が発掘された。この鳥居は、一五五二（天文《てんぶん》二十一）年に北条氏康《うじやす》によって再建された鳥居と思われる。従来は『新編 相模国風《ふ》土記稿《どきこう》』に引用される「古記《こき》」によって一五五三（天文二十二）年完成とされてきたが、「古記」が参考にしたと思われる『鶴岡御造営日記』▲の記述にしたがって五二年完成とすべきであろう。

発掘された浜の大鳥居は、下《しも》ノ下馬《げば》の一五〇メートルほど南、現在の一ノ鳥居よりは一八〇メートルほど北（八幡宮寄り）の場所にある。鎌倉時代にも同じ

●──若宮大路周辺図

●──発見された浜の大鳥居の柱の根

●──現在の浜の大鳥居跡

●蘭渓道隆像

場所にあったかどうかはわからないが、現在よりも海岸線が北側へ入りこんでいたであろうことからも、おそらくこの付近にあったのではなかろうか。

浜の大鳥居の南には浜が広がり、まぢかに海がみえたであろう。この鳥居は、浜から先に続いている海と、若宮大路という鶴岡八幡宮への参詣道の接点に位置していた。しかし、若宮大路と東西路が直交する地点は、鳥居より北側の下ノ下馬であり、浜の大鳥居は必ずしも交通の要地というわけではなかった。すなわち、浜の大鳥居は、都市鎌倉の生命線ともいえる海の世界と、鎌倉の守護神を結びつける象徴的なモニュメントだったのである。

鎌倉時代には、浜の大鳥居でたびたび風伯祭《ふうはくさい》という風をしずめる陰陽道《おんみょうどう》の祭祀が行われており、宗教的に重要な建造物であったことがわかる。室町時代になって、鎌倉公方《くぼう》が毎年二月に浜の大鳥居を七度まわる行事があったのも、浜の大鳥居が都市鎌倉の象徴であったからであろう。

禅宗・律宗寺院と中国文化

海をへて鎌倉へ流入したもののなかには、「禅《ぜん》」という新しい仏教の流れもあった。禅宗《ぜんしゅう》寺院には唐物が集中し、中国(宋)風文化の拠点ともなった。

鎌倉で、そして日本で最初の本格的禅宗寺院となるのが、建長寺である。建長寺は、鎌倉の西北、巨福呂坂《こぶくろざか》外側の山ノ内に、北条時頼《ときより》が南宋《なんそう》から渡来した蘭渓道隆《らんけいどうりゅう》▲を開山《かいさん》に招いて創建した寺院で、のちには鎌倉五山《ござん》▲の第一位に列せられる。一二四九(建長元)年、もしくは五一(同三)年に建立にとりかかったとされ、五三(同五)年に仏殿が完成、一応の創建事業がなったと考えられる。

もともと建長寺の付近は、「地獄谷《じごくだに》」と呼ばれて罪人の処刑場であり、地蔵堂《じぞうどう》があったと伝えられる。その地を引き継いだため、建長寺仏殿の本尊は地蔵菩《ぼ》薩《さつ》であり、江戸時代の建長寺境内《けいだい》絵図にも、「当山旧名地獄谷」「地獄谷埋め残し」という記述がみられる。

建長寺はたびたび火災にあって再建を繰り返しているため、現在の伽藍《がらん》建物は江戸時代以降のものである。だが、幸いに一三三一(元弘《げんこう》元)年作成の『建長寺指図《さしず》』の精巧な写しが建長寺に残されており、それによって鎌倉末期の建長寺伽藍のようすを知ることができる。総門《そうもん》・山門《さんもん》・仏殿・法堂《はっとう》・礼間《らいま》・方丈《ほうじょう》が谷の奥に向かって一直線上にならび、その直線の左右に僧堂《そうどう》と庫院《くいん》が対称的に

▼**蘭渓道隆**　一二一三～七八年。中国宋代(鎌倉後期)の禅僧。中国西蜀《せいしょく》出身。一二四六(寛元四)年に来日、京都泉涌寺《せんにゅうじ》、鎌倉常楽寺《じょうらくじ》、寿福寺《じゅふくじ》などに住したのち、建長寺開山に迎えられる。大覚禅師《だいかくぜんじ》の号を贈られる。臨済宗《りんざいしゅう》大覚派祖。

▼**鎌倉五山**　幕府によって保護・管理される禅宗の大寺院。鎌倉幕府が中国にならってはじめて五山の制を導入、鎌倉・京都をあわせて五カ寺を認定した。一三八六(至徳《しとく》三・元中《げんちゅう》三)年に京都・鎌倉五山が別々に設けられ、鎌倉では第一位建長寺、第二位円覚寺、第三位寿福寺、第四位浄智寺、第五位浄妙寺《じょうみょうじ》の序列が確定した。

▼無学祖元　一二二六～八六年。中国宋代(鎌倉後期)の禅僧。中国明《みん》州の出身。一二七九(弘安二)年、北条時宗の招きにより来日。建長寺に住持をつとめ、円覚寺の開山となった。建長寺で没し、仏光国《ぶっこうこく》師《し》の号を贈られる。臨済宗仏光派の祖。

▼浄智寺　山ノ内に存する禅宗寺院。一二八一(弘安四)年に没した北条宗政《むねまさ》の菩提《ぼだい》をとむらうため、子息師時《もろとき》が創建。実質的な開山は南洲宏海《なんしゅうこうかい》。鎌倉五山の一つで、建長寺・円覚寺とならぶ大寺院であった。

▼浄観房性全　一二六六～一三三七年。鎌倉時代後期の僧侶・医学者。梶原景時《かじわらかげとき》の子孫。西大寺《さいだいじ》の叡尊のもとで仏門にありながら医学を学び、のち鎌倉に移って活動、一時は長井宗秀《ながいむねひで》に仕えた。子息冬《ふゆ》景《かげ》も医学者として活躍した。

であろう。一二九八(永仁《えいにん》六)年に、日本から元に渡る貿易船が五島列島で破損するが、その積み荷は北条貞時《さだとき》、北条時宗《ときむね》の母、北条貞時の母、鎌倉の禅宗寺院浄智寺《じょうちじ》▲の四者のものであった(『青方《あおかた》文書』)。

　また、一三六三(貞治《じょうじ》二)年の円覚寺仏日庵《ぶつにちあん》の宝物目録によれば、中国の絵画、墨跡《ぼくせき》、漆器《しっき》、陶磁器など大量の唐物が宝物として集積されていたことがわかるのである(『円覚寺文書』)。

　極楽寺が港湾の管理に関与していたことからもわかるように、禅宗だけでなく律宗《りっしゅう》寺院もまた、中国文化の受容先となった。前にふれたように、金沢称名寺の宋版一切経は、律僧の定舜《じょうしゅん》が中国より持ち帰ったものであったし、極楽寺では、唐物の市が開かれたこともあった。

　鎌倉後期に活躍した浄観房性全《じょうかんぼうしょうぜん》▲という人物の事例も興味深い。性全は、叡《えい》尊《そん》に入門して律僧《りっそう》となったが、宋・元の医学書に学んで『頓医抄《とんいしょう》』『万安方《まんあんほう》』などの医学全書を著わすとともに、極楽寺を拠点として医療活動を行ったという。「施薬悲田院《せやくひでんいん》」などの施設があったと伝えられる極楽寺には、中国から医学書や薬種ももたらされていたかもしれない。性全の活動の背景にも、律宗と中国文化の密接な関係が存在したと思われる。

このほか、喫茶や仏像などにも中国文化の影響をみてとることができる。仏像に関しては、宋の仏画の影響を受けた、衣の裾を蓮華座《れんげざ》の下にたらす像(法《ほう》衣垂下像《えすいかぞう》)や片足をおろした像(半跏像《はんかぞう》)▲が、鎌倉後期から南北朝《なんぼくちょう》期に鎌倉周辺で製作されており、おもに禅宗・律宗寺院に残されている。鎌倉後期の鎌倉は、まことにエキゾチックな雰囲気につつまれていたのである。

人の往来と都市の求心力

鎌倉には幕府という一種の政府が存在したため、政府の閣僚にあたるような北条氏をはじめとする有力御家人や文筆官僚は鎌倉に常駐していた。その一方で、千葉氏のように鎌倉の外に本拠地・所領《しょりょう》をもつ関東御家人は、鎌倉番役《ばんやく》▲などの役をつとめたり幕府に出仕する必要があるときには鎌倉へのぼり、それ以外は本拠地へくだるというように、鎌倉と本拠地を行き来していた。したがって、鎌倉はまことに人の出入りの激しい都市であった。

御家人の鎌倉屋敷は、主人が不在のときは代官のような人物が留守をあずか

●―宋版の医学書『太平聖恵方《せいけいほう》』

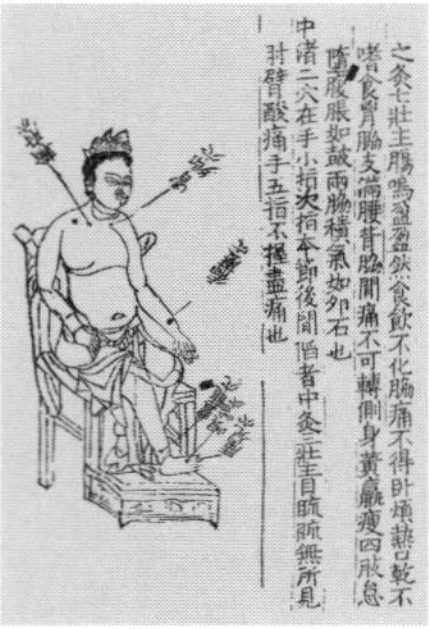

▼**半跏像**　中国からもたらされた画像や彫刻を模範として製作されたと考えられ、代表的な作品として禅居院《ぜんきょいん》の木造聖観音像《しょうかんのんぞう》や、東慶寺《とうけいじ》の木造水月《すいげつ》観音像(カバー裏写真参照。拝観は要予約)などがある。

▼**鎌倉番役**　鎌倉幕府が東国《とうごく》御家人に課した役務で、交替で将軍御所などの警護にあたった。

▼**雑掌**　中世において、荘園《しょうえん》領《りょうしゅ》主に任命されて荘園の管理にあたる役職。

●—鎌倉の安達泰盛邸で存念を述べる竹崎季長（『蒙古襲来絵詞』）

ることが多かったようであるが、宇都宮氏《うつのみやし》のように、屋敷の一部を家来に貸与することもあった。宇都宮氏は、屋敷を貸与された家来がさらに白拍子《しらびょうし》や遊《ゆう》女《じょ》に又貸しすることを禁止しているが、今小路西遺跡の武家屋敷では家来の居住区から庶民の建物跡が発掘されており、実際には屋敷地の又貸しが行われていたのであろう。また渋谷氏《しぶやし》のように、置文《おきぶみ》（遺言状）で「鎌倉の屋敷に他人を宿泊させておきながら、弟たちが宿泊するのを拒否してはいけない」と言い残している事例もある。御家人の屋敷が、多様な人びとの居住・滞在空間として利用されていることがわかろう。

幕府への訴訟などのために、各地から鎌倉へ赴き、しばらく滞在する人びともあった。前にみた『山王霊験記《さんのうれいげんき》』における京の女房も、訴訟のために鎌倉へくだったという設定であり、滞在費用に困って借金をする者がしばしば存在したことが説話の背景にあるのであろう。有名な『蒙古襲来絵詞《もうこしゅうらいえことば》』の主人公竹崎季《たけざきすえ》長《なが》も、文永《ぶんえい》の役《えき》の手柄の認定を幕府に訴え出るために、はるばる肥後《ひご》から鎌倉へでてきたのである。また、一二九一（正応《しょうおう》四）年に訴訟のため鎌倉に到着した、東寺《とうじ》領弓削島荘《ゆげのしまのしょう》の雑掌《ざっしょう》▲加治木頼平《かじきよりひら》は、その会計報告において、鎌倉滞在中の費用として、日別一五〇文の生活費、月別五〇〇文の宿代、幕府の役人の酒《しゅ》肴料《こうりょう》(接待費)三貫文などを計上している(『東寺百合文書《とうじひゃくごうもんじょ》』)。頼平の場合は、東寺から費用が出されたが、経済的な保障のない訴訟関係者には、鎌倉滞在もなかなかたいへんなものであった。

さらには、もともとそれなりの地位にある人物が、幕府の政治的な支援を望んで鎌倉を訪れることもあった。醍醐寺《だいごじ》の僧親玄《しんげん》などもその一人であり、彼は幕府のバックアップを受けて醍醐寺座主《ざす》になることができたのである。例によって兼好は『徒然草』で、「都《みやこ》の人が鎌倉へくだってきて立身出世を企てるのは、見苦しいことだ」と攻撃している。それだけ幕府を頼ろうとして鎌倉へくだる者が目立った、ということであろう。

このようなさまざまな形での一時滞在者・消費生活者が多いのが都市の特徴であるが、不特定多数の人びととの流入は、都市鎌倉における治安悪化につながる可能性があった。鎌倉幕府は、都市鎌倉を「保《ほ》▲」という行政単位に分けて、それぞれに担当の奉行人《ぶぎょうにん》をおいていたが、一二四〇(延応《えんのう》二)年には、盗人や辻《つじ》捕《とり》・押買《おしがい》▲・悪党《あくとう》などのほかに、旅人に対しても警戒をするように保の奉行人に

▼**保**　京都をはじめとした中世の都市に特有な行政区分制度。鎌倉の場合は、執権《しっけん》北条泰時の代に京都の制にならって保や丈尺《じょうしゃく》の制度が導入された。

▼**押買**　武力や権勢などを背景に、買い手が、売り手の意思に反して、不当に安い値段で強引に品物を買いとること。押売の逆。

命じている。不審人物や犯罪者が鎌倉に流入してくることに対応して、奉行人に取締りを命じたものであろう。

また、鎌倉中期には、「人商人《ひとあきびと》」すなわち人身売買業者をリストアップして鎌倉から追放するようにと、幕府から保の奉行人に指令が出されている。肥後の御家人相良頼重《さがらよりしげ》は、一二四九(建長元)年に幕府の法廷で争われた裁判の過程で、相手方から「下人《げにん》二人を捕え、そのうち一人を鎌倉で売買しようとした」として非難されている(『相良家文書』)。裁判における一方の主張であるから、完全に事実であるかどうかはわからないが、鎌倉が人身売買の市場となっていたことが想像される。

都市鎌倉には幕府という公権力が存在したために、関連する武士や僧侶、下級役人など多数の消費生活者がおり、相当規模の労働力需要もあったことから、人身売買というものも成り立ったと考えられる。

逆に、鎌倉における労働力需要や消費活動をあてにして、なんらかの生活の手段をえるために、人びとが流入してくる状況も存在したと思われる。一二四六(寛元《かんげん》四)年十二月には、紀伊重経《きいしげつね》という御家人の丹後《たんご》の所領から鎌倉へ年貢を運送してきた人夫が、年貢を持逃げして姿をくらまし、後日米町《こめまち》▲で重経の家来に発見されて、逃走のあげく双方が将軍御所《しょうぐんごしょ》に乱入するという珍事件が発生した。おそらくこの人夫は、年貢を当座の元手にして都市鎌倉での生活を営もうとしていたのであろう。また、鎌倉の周縁部をたまり場としていた流民・下層民も、都市においてはなんとか生き延びることができたからこそ、都市鎌倉に引きよせられていたのである。

武家の都市鎌倉の求心力は、まことに多様な側面をもっていたのである。

▼**米町**　大町《おおまち》大路沿いで、若宮大路よりやや東に入った地域。一二五一(建長三)年に幕府が鎌倉中において常設商店の設置を許可した七地区のうちの一つ。名称から推測して、おもに米穀類の取引が行われた地域と思われる。

記憶の継承、歴史的遺産の継承

江戸時代の鎌倉は、「武家《ぶけ》の都市」としての実体を失ってはいたが、江戸に先行する東国《とうごく》の「武家の古都」として、武士層をはじめとする多くの人びとに注目されていた。江戸時代には、鎌倉を題材とした紀行文・随筆・地誌が数多く著わされ、武家の古都の記憶が書き留められていったのである。

時代がくだって、大正時代には、鎌倉町青年会▲によって、鎌倉に点在する十数カ所の史跡に由緒を記した石碑《せきひ》が建立されている。これもまた、武家の古都の記憶を残そうとする営みであった。

現在の鎌倉は、当然のことながら鎌倉時代の鎌倉とはかなり異なった都市となっている。しかし、本書で試みたように、その時代の人びとが残してくれた

▼**鎌倉町青年会**　智徳の修養・身体の鍛錬・公共の事業への尽力などを目的に、一九一一(明治四十四)年に結成された有志団体。鎌倉町(鎌倉の中心地区)の一三の青年会の連合組織として成立した。一九一七(大正六)年から二一(同十)年にかけて、鎌倉の名所・旧跡に計一七の石碑を建立している。

文献や遺跡・遺物、伝承、地名、景観、地形などによって、当時の姿をたどることができた。その際に、地名や伝承、景観を知る大きな手がかりとなったのが、『新編　鎌倉志』『新編　相模国風土記稿』『相中留恩記略』など、江戸時代の人びとが取材し、記録してくれた地誌類であった。

また、現在の鎌倉の町を歩いてみたときに、ごく普通の住宅街のなかで、史跡の所在を道標のごとく示してくれるのが、いまやそれ自体が古色をおびてきた、大正時代の石碑なのである。

過去のそれぞれの時代の人びとが、さまざまな記憶の架け橋を設けてくれたおかげで、「武家の古都、鎌倉」の記憶は継承されてきたのである。そうした伝統は、鎌倉の歴史的景観を守ろうという意思として、現代にも受け継がれている。一九六三(昭和三十八)年に鶴岡八幡宮《つるがおかはちまんぐう》裏山の「御谷《おやつ》」と呼ばれる場所が、宅地造成によって大きく姿を変えられようとしたとき、鎌倉の人びとは財団法人鎌倉風致保存会の結成や、いわゆる「古都保存法▲」制定の推進によって、歴史的景観の保存をなしとげている。

都市の歴史は、文献にも記されているが、都市そのものにもきざみこまれて

▼**古都保存法**　古都の景観を守るために一九六六(昭和四十一)年に制定された法律で、「古都における歴史的風土の保存に関する特別措置法」が正式名称。京都市・奈良市・鎌倉市および政令で定められたその他の都市が対象となる。この法律に基づいて「歴史的風土保存区域」および「歴史的風土特別保存地区」を指定することができる。とくに特別保存地区内において、建築物の新築や宅地造成などについては知事の許可を必要とすると定められている。

●──鎌倉町青年会建立の石碑(若宮大路御所跡)

●──現在の御谷(鎌倉市雪ノ下)

いる。鎌倉の遺跡、文化財、地名、景観など、町なかのさまざまな手がかりから、まさに鎌倉の谷の奥の山肌から水がしみだすように、「武家の古都、鎌倉」の記憶がしみだしてきている。こうした記憶の手がかりとなるものこそ、歴史的遺産というべきものであり、現代のわれわれが次代へ受け継がねばならないものであるといえよう。

●—写真所蔵・提供者一覧(敬称略, 五十音順)

黄梅院・鎌倉市教育委員会　p. 80 下左
鎌倉市教育委員会　p. 23 下, 39 下右, 48, 59, 66 上右・上下・左, 71, 77, 84 下, 88 上右
韓国国立中央博物館『新安海底文物』　p. 80 上右・上左
韓国文化財管理局文化財研究部撮影資料・河田貞(提供)　p. 79中右・中左・下左
宮内庁三の丸尚蔵館　p. 95
建長寺・鎌倉市教育委員会　p. 89, 91
高徳院・鎌倉市教育委員会　p. 36 上
光明寺(神奈川県津久井町)・鎌倉市教育委員会　p. 47 上左
光明寺(鎌倉市)・鎌倉市教育委員会　p. 60
極楽寺・鎌倉市教育委員会　p. 68
個人蔵・東京国立博物館　p. 32 右・左
西大寺・東京国立博物館　p. 84 上左
三鈷寺・京都国立博物館　p. 56
寿福寺　p. 7
小学館　p. 76 下
浄光明寺・鎌倉市教育委員会　p. 72
称名寺(所蔵)・神奈川県立金沢文庫(保管)　p. 36 下, 43, 62, 80 下右
杉本寺　p. 8
鶴岡八幡宮・鎌倉市教育委員会　扉, p. 37
鶴岡八幡宮　p. 31
東京国立博物館(狩野晴川ほか模本, 部分)・Image：TNM Image Archives Source：http://Tnm Archives.jp/　カバー表
東京国立博物館　p. 9 下右
東慶寺　カバー裏
独立行政法人国立公文書館　p. 19, 21, 47 下, 84 上右, 87
名古屋市蓬左文庫　p. 94
PPS 通信社　p. 47 上右
妙法華寺・東京国立博物館　p. 57

野本賢二「中世都市鎌倉の『荼毘址』」五味文彦・馬淵和雄編『中世都市鎌倉の実像と境界』高志書院, 2004年
福島金治「安達泰盛と鎌倉の寺院」『説話文学研究』36, 2001年
福田誠『五合桝遺跡(仏法寺跡)発掘調査報告書』鎌倉市教育委員会, 2003年
福田誠「鎌倉永福寺の発掘庭園と経塚」小野正敏・五味文彦・萩原三雄編『中世の系譜　東と西, 北と南の世界』高志書院, 2004年
藤原良章「中世都市と交通体系」歴史学研究会・日本史研究会編『日本史講座 4　中世社会の構造』東京大学出版会, 2004年
松尾剛次『中世都市鎌倉の風景』吉川弘文館, 1993年
松尾剛次『中世都市鎌倉を歩く』中央公論社, 1997年
松尾剛次『中世の都市と非人』法蔵館, 1998年
松尾宣方ほか『鶴岡八幡宮境内発掘調査報告書―鎌倉国宝館収蔵庫建設に伴う緊急調査―』鎌倉市教育委員会, 1985年
松尾宣方「段葛―大路の上のつくり道―」石井進・大三輪龍彦編『よみがえる中世 3　武士の都鎌倉』平凡社, 1989年
松尾宣方「中世の海岸線と浜」石井進・大三輪龍彦編『よみがえる中世 3　武士の都鎌倉』平凡社, 1989年
馬淵和雄『鎌倉市二階堂向荏柄遺跡発掘調査報告書』鎌倉市教育委員会, 1985年
馬淵和雄「若宮大路―都市の基軸を掘る―」石井進・大三輪龍彦編『よみがえる中世 3　武士の都鎌倉』平凡社, 1989年
馬淵和雄『鎌倉大仏の中世史』新人物往来社, 1998年
馬淵和雄「中世都市鎌倉成立前史」五味文彦・馬淵和雄編『中世都市鎌倉の実像と境界』高志書院, 2004年
三浦勝男編『鎌倉の古絵図Ⅰ・Ⅱ・Ⅲ』鎌倉市教育委員会・鎌倉国宝館, 1968, 69年
村井章介『東アジア往還―漢詩と外交―』朝日新聞社, 1995年
山村亜希「中世鎌倉の都市空間構造」『史林』80－2, 1997年
湯山学「隆弁とその門流―北条氏と天台宗(寺門)―」『鎌倉』38, 1981年
湯山学『鶴岡八幡宮の中世的社会』私家版, 1995年

五味文彦「鎌倉の中心性と境界性」五味文彦・馬淵和雄編『中世都市鎌倉の実像と境界』高志書院, 2004年
齋木秀雄『名越・山王堂跡発掘調査報告書』山王堂跡発掘調査団, 1990年
齋木秀雄『国指定史跡若宮大路遺跡発掘調査報告書Ⅶ』史跡若宮大路遺跡発掘調査団, 1993年
齋木秀雄「いわゆる『浜地』の成立と範囲」鎌倉考古学研究所編『中世都市鎌倉を掘る』日本エディタースクール出版部, 1994年
斎藤直子「中世前期鎌倉の海岸線と港湾機能」峰岸純夫・村井章介編『中世東国の物流と都市』山川出版社, 1995年
佐伯弘次『日本の中世９　モンゴル襲来の衝撃』中央公論新社, 2003年
沢寿郎編『鎌倉―史蹟めぐり会記録―』鎌倉文化研究会, 1972年
清水真澄『鎌倉の仏像文化』岩波書店, 1985年
宗臺秀明ほか『北条時房・顕時邸跡　雪ノ下一丁目272番地点』北条時房・顕時邸跡発掘調査団, 1997年
白井永二「段葛考」『鎌倉』9, 1938年
関幸彦『「鎌倉」とは何か―中世, そして武家を問う―』山川出版社, 2003年
関口欣也『鎌倉の古建築』有隣堂, 1997年
高木豊「鎌倉名越の日蓮の周辺」『金沢文庫研究』272, 1984年
高橋慎一朗『中世の都市と武士』吉川弘文館, 1996年
高橋慎一朗「中世の都市問題」『歴史と地理』557, 2002年
高橋慎一朗「中世鎌倉における将軍御所の記憶と大門寺」『年報 都市史研究』11, 2003年
滝澤晶子『史蹟建長寺境内　下水道敷設に伴うトレンチ調査報告書』鶴見大学史跡建長寺境内発掘調査団・有限会社博通, 2003年
田代郁夫「鎌倉の『やぐら』―中世葬送・墓制史上における位置付け―」石井進・萩原三雄編『中世社会と墳墓』名著出版, 1993年
手塚直樹「宋元陶磁器」石井進・大三輪龍彦編『よみがえる中世３　武士の都鎌倉』平凡社, 1989年
永井晋「『吾妻鏡』にみえる鶴岡八幡宮放生会」『神道宗教』172, 1998年
西岡芳文「港湾都市六浦と鎌倉」五味文彦・馬淵和雄編『中世都市鎌倉の実像と境界』高志書院, 2004年
貫達人『鶴岡八幡宮寺―鎌倉の廃寺―』有隣堂, 1996年
貫達人・川副武胤『鎌倉廃寺事典』有隣堂, 1980年
野口実「頼朝以前の鎌倉」『古代文化』45－9, 1993年

●—参考文献

秋山哲雄「都市鎌倉における北条氏の邸宅と寺院」『史学雑誌』106－9, 1997年

秋山哲雄「都市鎌倉の形成と北条氏」五味文彦・馬淵和雄編『中世都市鎌倉の実像と境界』高志書院, 2004年

石井進「名越の切通しを歩く—中世鎌倉の周縁の風景—」『ものがたり日本列島に生きた人たち10　景観』岩波書店, 2000年

石井進『日本の中世１　中世のかたち』中央公論新社, 2002年

石井進『石井進著作集第９巻　中世都市を語る』岩波書店, 2005年

岩崎佳枝『職人歌合—中世の職人群像—』平凡社, 1987年

大三輪龍彦編『中世鎌倉の発掘』有隣堂, 1983年

大三輪龍彦「中世都市鎌倉の地割制試論」『仏教芸術』164, 1986年

大三輪龍彦ほか『国指定史跡若宮大路遺跡発掘調査報告書Ⅴ』史跡若宮大路遺跡発掘調査団, 1991年

大三輪龍彦「消費する都市—鎌倉に見る中世都市の様相—」鎌倉考古学研究所編『中世都市鎌倉を掘る』日本エディタースクール出版部, 1994年

大三輪龍彦「新発見の建武年間浄光明寺絵図」中世都市研究会編『中世都市研究９　政権都市』新人物往来社, 2004年

大三輪龍彦編『浄光明寺敷地絵図の研究』新人物往来社, 2005年

岡陽一郎「中世鎌倉の海・浜・港—港を望む神社—」『列島の文化史』11, 1998年

岡陽一郎「泰時以前の鎌倉—都市の点景—」『鎌倉』88, 1999年

神奈川県立金沢文庫編『唐物と宋版一切経（特別展図録）』神奈川県立金沢文庫, 1999年

神奈川県立金沢文庫編『鎌倉大仏と阿弥陀信仰（特別展図録）』神奈川県立金沢文庫, 2002年

鎌倉市史編纂委員会編『鎌倉市史　総説編・社寺編』吉川弘文館, 1959年

河野眞知郎『中世都市鎌倉　遺跡が語る武士の都』講談社, 1995年

河野眞知郎「政権都市『鎌倉』—考古学的研究のこの十年—」中世都市研究会編『中世都市研究９　政権都市』新人物往来社, 2004年

菊川英政「大倉幕府周辺遺跡群　雪ノ下三丁目606番１」『鎌倉市埋蔵文化財緊急調査報告書９第３分冊』鎌倉市教育委員会, 1993年

五味文彦編『日本の時代史８　京・鎌倉の王権』吉川弘文館, 2003年

日本史リブレット21
武家《ぶけ》の古都《こと》、鎌倉《かまくら》

2005年８月15日　１版１刷　発行
2022年11月30日　１版７刷　発行

著者：高橋慎一朗《たかはししんいちろう》

発行者：野澤武史

発行所：株式会社 山川出版社

〒101−0047　東京都千代田区内神田１−13−13
電話　03(3293)8131(営業)
　　　03(3293)8135(編集)
https://www.yamakawa.co.jp/
振替　00120-9-43993

印刷所：明和印刷株式会社

製本所：株式会社 ブロケード

装幀：菊地信義

Printed in Japan ISBN 978-4-634-54210-5

日本史リブレット　第Ⅰ期［68巻］・第Ⅱ期［33巻］　全101巻